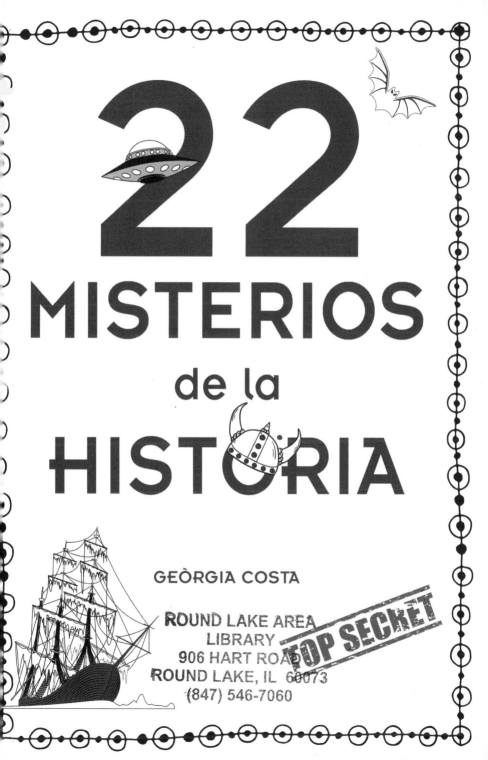

22

MISTERIOS

de la

HISTORIA

GEÒRGIA COSTA

Primera edición: marzo de 2016

Printed in Spain – Impreso en España

ISBN: 978-84-9043-581-6
Depósito legal: B-737-2016

Compuesto por Olga Colado
Impreso en Artes Gráficas Huertas
Fuenlabrada (Madrid)

GT35816

*A la gente curiosa, a la gente que busca respuestas
y a las respuestas curiosas para preguntas complicadas*

ÍNDICE

7   **ÁREA 51**

También conocido como: Groom Lake,
Paradise Ranch, Homey Airport.

17   **EL TRIÁNGULO DE LAS BERMUDAS**

Un aterrador cementerio de barcos

27   **LOS CÍRCULOS DE LA COSECHA**

¿Mensajes extraterrestres?

37   **LAS LÍNEAS DE NAZCA**

Dibujos a lo grande

47   **EL MONSTRUO DEL LAGO NESS**

«Nessie» para los amigos

57   **VAMPIROS**

Monstruos de película

67   **LA BESTIA DE GEVAUDAN**

Un monstruo muy real

77   **LAS FOTOGRAFÍAS DE COTTINGLEY**

¿Hadas en el siglo xx?

87   **LA ATLÁNTIDA**

Se busca continente

97   **LOS VIKINGOS**

Viajeros de leyenda

107   **EL DESCUBRIMIENTO DE TROYA**

Un sueño convertido en realidad

117   **LAS PIRÁMIDES DE GIZA**
Un misterio de cuatro mil quinientos años

127   **LA MALDICIÓN DE LA MOMIA**
O por qué no es buena idea molestar a los muertos

137   **LA ALQUIMIA**
Entre la ciencia y la magia

145   **EL MANUSCRITO VOYNICH**
El libro más misterioso del mundo

157   **EL EVENTO DE TANGANIKA**
La enfermedad más rara de la historia

165   **LA LEGIÓN DE CRASO**
Tras la pista de los romanos perdidos

175   **EL CALENDARIO MAYA**
O de cuando el mundo tenía que acabarse… otra vez

183   **ANASTASIA**
La princesa que escapó de la muerte

193   **LAS HERMANAS FOX**
Y el nacimiento del espiritismo

203   **EL RAYO DE LA MUERTE**
O los inventos de Tesla

213   **LA CÁMARA DE ÁMBAR**
El tesoro perdido de la Segunda Guerra Mundial

TOP SECRET

ÁREA 51

TOP SECRET

TAMBIÉN CONOCIDO COMO: GROOM LAKE, PARADISE RANCH, HOMEY AIRPORT.

Año 1974. Desde un satélite en órbita, unos astronautas fotografiaron el desierto de Nevada, en Estados Unidos. En una de las fotos, allí donde según los mapas solo había kilómetros y kilómetros de terreno despoblado, apareció algo que nadie esperaba: ¡un enorme complejo de edificios en mitad de la nada!

Los astronautas no tenían ni idea de qué podría ser aquello, pero se dieron cuenta enseguida de que algo andaba mal: antes de que las fotografías llegaran a ninguna parte, la CIA, la agencia central de inteligencia norteamericana, las confiscó. Los exploradores, por error, habían descubierto uno de los lugares más secretos de la tierra.

A pesar de todo, que fuera secreto no significa que fuera completamente desconocido. En realidad, mucho antes de que los sorprendidos astronautas recibieran la visita de los «hombres de negro» (al parecer, los «hombres de negro» son una división secreta de la CIA que se encarga de los fenómenos paranormales), ya corrían rumores sobre un lugar en Nevada, a unos ciento cincuenta kilómetros de la ciudad de Las Vegas.

¡Van de negro para que se sepa que son agentes secretos!

Cualquiera que se acercara por allí primero vería unos postes de color rojo. Luego, encima de los postes, señales de peligro, carteles de «prohibido hacer fotografías» y «prohibido pasar», y, finalmente, avisos de la presencia de guardias armados con permiso para disparar a los intrusos.

Como era de imaginar, la gente comenzó a preguntarse qué podía esconderse detrás de todo aquello. Se decía que el desierto, los carteles y los guardias podían estar protegiendo una base militar. La rumorología de la zona se refería a esa base con el nombre de Área 51. Y, en efecto, esa base aparecía desde hacía tiempo en documentos secretos de la CIA, pero ¿para qué servía? ¿Por qué tanto misterio?

Extraterrestres. La respuesta es «extraterrestres».

Muy cerca del Área 51 hay una pequeña carretera que cruza el desierto, la ruta 375. Resulta que la ruta 375 de Nevada es uno de los lugares con más avistamientos de ovni del mundo. Desde hace más de cincuenta años, muchos viajeros dicen haber visto todo tipo de cosas extrañas: luces, ruidos atronadores y objetos de formas imposibles cruzando el cielo. Tantos han sido los testigos que al final, en 1997, la carretera se rebautizó como Extraterrestrial Highway, es decir, autopista extraterrestre. Muchos opinan que es solo una buena forma de atraer turistas a los pocos restaurantes de la zona. Otros dicen que tener una base militar misteriosa al lado de una zona en la que se suelen avistar ovnis con frecuencia es, por decirlo suavemente, demasiada casualidad.

¿Pero qué son exactamente esos ovnis? «OVNI» son las siglas de «objeto volador no identificado», seguro que esto ya lo sabías. Un objeto volador no identificado es prácticamente cualquier cosa desconocida que surque el cielo. Sin embargo, se usa especialmente para las naves extraterrestres. Una de las historias de alienígenas más famosas ocurrió también en Estados Unidos, en un lugar llamado Roswell, Nuevo México. El 7 de julio de 1947 los habitantes del pueblo oyeron una explosión terrible y vieron como un objeto extraño se estrellaba en un rancho a

y no ⟵ identifcado

9

las afueras de la localidad. Los comandantes de una base militar cercana fueron los primeros en llegar a la zona y dijeron que el aparato estrellado en Roswell era un platillo volante. Pero debieron de darse cuenta de que habían hablado demasiado: al día siguiente rectificaron y dijeron que en realidad se trataba de un globo meteorológico. Lo más sospechoso fue que, según se dice, esa nave que se estrelló en el desierto de Nuevo México fue recogida por el ejército de Estados Unidos y trasladada a la base secreta del Área 51 para estudiarla.

Por mucho que el ejército se diese prisa en desmentir la teoría de los ovnis de Roswell, con los años el misterio alrededor del suceso no ha hecho más que aumentar. Han aparecido nuevas versiones de la historia y toda clase de teorías. Incluso testigos, personas que afirman haber visto lo que sucedió aquella noche. El primero fue un ingeniero llamado Bob Lazar, que en 1989 aseguró que había trabajado en una empresa que operaba en el Área 51 y que allí los científicos se dedicaban a desmontar naves alienígenas para averiguar cómo funcionaban. (Más tarde se supo que el señor Lazar no era ingeniero ni nada parecido. En la universidad donde decía haber estudiado no solo no consta en los registros, sino que nunca han oído hablar de él).

Mucho más tarde, en 2014, surgió otro hombre que también decía haber trabajado en la base durante treinta años. Se llamaba Boyd Bushman y antes de morir grabó un vídeo en el que explicaba que no solo se ocultaban platillos volantes en la base, ¡sino también alienígenas! Afirmaba que estos estaban vivos, eran de dos especies distintas, que medían poco más de un metro de altura, podían llegar a vivir doscientos años y que ayudaban a los científicos norteamericanos a hacer experimentos. Por si fuera poco, mientras hablaba, Bushman enseñaba fotografías de extraterrestres a la cámara. Eran exactamente como aparecen en las películas, de un color verdigrís, bajitos, cabezones y calvos, con los ojos enormes y negros. ¡Impresionante!

El problema de su testimonio es que muy poco después se descubrió que esos mismos extraterrestres se podían encontrar en cualquier supermercado de Estados Unidos, hechos de plástico.

Así pues, no parece que estos dos primeros testigos sean muy fiables, pero hay otro que quizá sí podría serlo: en 2008, Edgar Mitchell, que no solo fue astronauta sino que además fue el sexto hombre en pisar la Luna, explicó en una entrevista radiofónica que las historias sobre seres de otros planetas que vienen de visita al nuestro son ciertas. Decía que se lo había confirmado gente importante, científicos y políticos, pero que los gobiernos lo mantienen en secreto.

Mientras tanto, durante todos esos años, el gobierno de Estados Unidos no había dado su versión de los hechos. Ni sobre los extraterrestres ni sobre nada relacionado con el Área 51. Se habían limitado a dejar que la rumorología hiciera su trabajo y a hacer pasar por loco a cualquiera que afirmara algo contrario a su versión. No se les había ocurrido que algo acabaría por cambiar las cosas: internet.

En el año 2000 aparecieron en la red unas fotografías aéreas del desierto de Nevada. Allí, bien claramente, aparecía la base: los hangares y los almacenes, las pistas de aterrizaje... ¡Incluso canchas de baloncesto! El ejército de Estados Unidos, visto que su base ya no era tan secreta, por fin reconocieron que sí, que detrás de los postes, las vallas y los guardias armados estaba la base militar del Área 51, aunque oficialmente se llamaba Groom Lake. También afirmaron que, desde luego, allí no había ex-

¡Porque los aliens también tienen derecho a entretenerse!

¡se puede ver por Google Maps! Las coordenadas son 37°14'06"N 115°48'40"W, solo hay que pegarlas en el buscador y listo.

traterrestres, pero por otro lado tampoco explicaron qué se hacía allí realmente.

Los investigadores, los curiosos y los interesados de todo el mundo tuvieron que esperar todavía algunos años más para saberlo. En 2013, un informe desclasificado (es decir, un documento secreto que deja de serlo. En Estados Unidos cuando un documento tiene veinticinco años de antigüedad el gobierno decide si es seguro para el país hacerlo público) por fin revelaba que el secreto no era extraterrestre, sino muy, muy terrícola: en el Área 51 se hacían experimentos, sí, pero militares. ¡Era el lugar donde el ejército de Estados Unidos diseñaba y probaba aviones espía! ¿Recordáis las misteriosas luces y objetos extraños que se veían desde la «autopista extraterrestre»? Eso lo explicaba todo. Los aviones espía suelen tener formas extrañas para confundir a los radares y vuelan mucho más rápido y de forma mucho más espectacular que los aviones de pasajeros.

¿Y por qué el gobierno y el ejército de Estados Unidos dejaron que todo el mundo pensara que en el Área 51 había extraterrestres, naves espaciales y conspiraciones? Pues porque les interesaba. Porque mientras la gente hablaba de alienígenas y experimentos nadie pensaba en los aviones espía, y la base, a pesar de los rumores, seguía siendo secreta.

Así pues, ¿los extraterrestres existen o no? Eso sigue siendo un misterio, pero lo que parece seguro es que no se encuentran en medio del desierto de Nevada. De todos modos, eso no debería desanimar a los que creen en los ovnis. En otro informe, este del año 1997, que trata sobre la relación de la CIA con los ovnis, se puede leer: «Los vuelos del U-2 y del Oxcart (son dos modelos de avión espía) fueron responsables de más de la mitad de todos los avistamientos de ovnis de finales de los años cincuenta y de los años sesenta». Pues bien, todavía queda por explicar la otra mitad.

CASOS SIMILARES

El incidente aéreo de Manises:

En 1979, un avión comercial volaba hacia el aeropuerto de Tenerife. De repente, tanto el piloto como los casi cien pasajeros del avión vieron como un grupo de misteriosas luces rojas se acercaban peligrosamente al avión, que tuvo que aterrizar de emergencia en el aeropuerto de Manises (Valencia). Mientras tanto, dos cazas militares se dirigieron a investigar aquellas extrañas luces y no solo las encontraron sino que las persiguieron durante centenares de kilómetros. Hasta hoy en día, no se ha podido explicar qué ocurrió, pero el piloto de uno de los cazas siempre ha asegurado que lo que vio no fueron luces, reflejos, ni estrellas (que es como se quiere explicar siempre los avistamientos), sino una nave espacial.

TOP SECRET

EL TRIÁNGULO DE LAS BERMUDAS

UN ATERRADOR CEMENTERIO DE BARCOS

Al pensar en el Caribe, nos vienen a la mente playas paradisíacas de aguas cristalinas. Pero allí, en pleno Caribe, entre las islas de Puerto Rico, Bermuda y Miami se esconde uno de los mayores misterios de nuestro mundo. Si trazamos tres líneas uniendo esas islas y la costa de Miami, vemos como se forma una zona de aproximadamente un millón de kilómetros cuadrados de océano. Es lo que popularmente se conoce como «el triángulo de las Bermudas». ¿No suena lo bastante peligroso? Probemos con el otro nombre que recibe la zona: «el triángulo del diablo».

El mar siempre ha sido un lugar temible, existen centenares de leyendas sobre barcos perdidos o abandonados. ¿Habéis oído hablar del *Mary Celeste*? Hace mucho que nadie sabe nada de él. Era un barco de mercancías que en 1872 zarpó de Nueva York en dirección a Italia. Su capitán era un navegante experto, y su tripulación estaba formada por hombres capaces y disciplinados, preparados para las exigencias del mar. Y a pesar de todo, desapareció. No se tuvieron noticias de su paradero hasta que apareció, a la deriva, cerca del estrecho de Gibraltar. Algunas de las velas estaban a medio desplegar, algunas rotas, pero aparte de esto, la embarcación no tenía daños aparentes, y en las despensas había comida y agua de sobras. Solo faltaban la tripulación y el bote salvavidas.

Muchos han tratado de explicar lo que ocurrió: ¿una tormenta inesperada? ¿Quizá un motín? ¡O el ataque de un calamar gigante! A bordo del *Mary Celeste* se encontró el diario de navegación, donde el capitán anotaba todo lo que ocurría en el barco. La última entrada del diario se había hecho cerca de las islas Azores, a unos ocho mil kilómetros de donde luego se encontró el navío a la deriva, y en las

Un calamar gigante había podido llevarse a los tripulantes del barco, pero ¿para qué querría el bote salvavidas? Y, si se había comido a la tripulación, ¿por qué no comerse también los víveres de la bodega?

anotaciones del capitán no había nada extraño; según él, todo iba bien...

Hoy en día, la desaparición de los tripulantes del *Mary Celeste* sigue siendo un misterio sin resolver. Podría ser un misterio único, un hecho aislado sin explicación, pero lo que lo convierte en un misterio misterioso es que el *Mary Celeste* no es el único barco al que le sucedió algo inexplicable. Si multiplicamos su historia por cien, ahí tenemos el misterio del Triángulo de las Bermudas.

El primero en unir los puntos y darse cuenta de que algo extraño ocurría en la zona fue un periodista llamado Edward Van Winkle Jones. Ya en 1951 escribió un artículo denunciando que entre Bermuda, Puerto Rico y Miami se habían documentado multitud de desapariciones y accidentes inexplicables no solo de barcos, también de pequeños botes de pesca e ¡incluso aviones! En aquel entonces Jones llamó a esta zona el «triángulo del diablo». Con los años, la lista de sucesos extraños documentados por otros investigadores no hizo más que aumentar. Hacia los años sesenta del siglo XX, el nombre que se hizo popular fue el de «Triángulo de las Bermudas».

¡Aunque «triángulo del diablo» da más miedo!

Estas son algunas de las desapariciones más famosas, aunque no las únicas:

En 1918 un buque de guerra llamado *Uss Cyclops*, zarpó de las islas Barbados y, pocas horas después, se hundió. El barco no emitió ninguna señal de socorro ni se detectaron tormentas por la zona. Hay quien dice que el *USS Cyclops* lo habría podido hundir un submarino alemán, ya que entonces Estados Unidos y Alemania estaban enfrentados a causa de la Primera Guerra Mundial, pero los alemanes siempre lo han negado. En todo caso, el barco desapareció con sus trescientos ocho tripulantes sin dejar ni rastro.

A finales de 1920, el velero *Carroll A. Deering* hacía una ruta desde Río de Janeiro (Brasil) en dirección a Estados Unidos, y para ello debía atravesar la zona del Triángulo de las Bermudas. En enero de 1921 el navío apareció a la deriva en las costas del estado de Carolina del Norte. Faltaban los botes salvavidas y los instrumentos de navegación, pero extrañamente en la cocina del barco se encontró comida preparada para el día siguiente... Nunca se descubrió qué le había ocurrido a la tripulación.

¿Otro calamar gigante? ⟶

En 1945 una flotilla de cinco aviones bombarderos estaba haciendo un vuelo de prácticas. De repente, el comandante de la flotilla se puso en contacto por radio con una base militar cercana: explicaba que él y sus compañeros se habían perdido, y que las brújulas de su avión habían dejado de funcionar. Durante unas horas el piloto intercambió mensajes con la base, pero sonaba cada vez más desorientado y desesperado, hasta que perdió el contacto definitivamente. Por si fuera poco, el avión de rescate que se mandó para buscarlos horas después también desapareció, aunque un testigo dijo ver un destello de luz cuando este segundo avión despegaba. ¿Quizá ese destello fue una explosión o algún otro fallo en el motor? En todo caso, lo más extraño es que jamás se encontraron los restos de los aviones, ni de los

bombarderos ni de la nave de rescate. Un portavoz de la marina de Estados Unidos dijo que los aviones simplemente habían desaparecido, «como si hubieran volado a Marte».

Y así, hasta hoy. Unos cincuenta barcos y unos veinte aviones se han perdido en el Triángulo de las Bermudas. Los más escépticos dirán que algunas de las desapariciones pueden darse por motivos naturales, pero ¿y todas las demás? ¿Qué explicación hay para todos estos accidentes y desastres?

Cuando todas las opciones fallan, es lógico pensar en una explicación sobrenatural. ¿Quizá se trate de extraterrestres? (Aunque seguramente los portavoces de la Marina de Estados Unidos no se referían a eso cuando dijeron que los aviones perdidos en 1945 habían «volado a Marte»). En algunos casos, testigos que viajaban por la zona han notado que al pasar por el Triángulo de las Bermudas las brújulas y otros aparatos de navegación de barcos y aviones parecen volverse locos. Los investigadores de fenómenos paranormales proponen que en el Triángulo de las Bermudas puede haber perturbaciones en la gravedad, el tiempo o el espacio. Incluso, por qué no, ¡un portal hacia dimensiones paralelas!

De todas formas, todavía hay otra explicación, mucho más lógica. Por muy paradisíaca que parezca la zona, la verdad es que la climatología en el Caribe puede ser el peor enemigo de los viajeros. Muchos de los accidentes y desapariciones en la zona podrían deberse al mal tiempo, porque a menudo se forman grandes tormentas sin apenas aviso, y también hay unas corrientes marinas fuertísimas, pero ¿lo son tanto como para no dejar ni rastro de los navíos y aviones desaparecidos?

Recientemente, una nueva teoría se ha sumado a las anteriores. Hace unos años un grupo de científicos australianos dieron con otra posible causa: metano. El metano es un gas muy ligero que se acumula bajo el lecho marino. Al salir a la superficie, las burbujas provocarían que los barcos perdieran la capacidad de flotar y se hundirían en apenas segundos, sin que nada se pudiera hacer para evitarlo. Eso podría explicar los hundimientos repentinos como el del *USS Cyclops*, en los que los barcos estarían bien, y al minuto siguiente ya se habrían hundido en el fondo del mar.

Finalmente, hay quien dice que el gran misterio del Triángulo de las Bermudas en realidad se debe a... ¡un exceso de imaginación! Al mismo tiempo que las historias sobre el triángulo se hacían populares, algunos investigadores se dieron cuenta de que parte de las desapariciones se habían exagerado y, en algunos casos, incluso eran inventadas. Por ejemplo, ¿recordáis el *Mary Celeste*, el barco del que hablábamos al principio? A menudo se incluye entre la lista de navíos desaparecidos en el triángulo, pero el barco se encontró cerca de Gibraltar, ¡al otro lado del Atlántico!

A pesar de todo, muchas de las desapariciones de barcos y aviones todavía siguen sin resolver. Además, existe un testigo histórico de lujo sobre hechos sobrenaturales en el triángulo, alguien que dio fe de las irregularidades en esta zona mucho antes de que se ganara su mala fama. Estamos hablando del mismísimo Cristóbal Colón, que en 1492 se hizo a la mar para encontrar una ruta marítima hacia la India y al final descubrió América. Durante su primera travesía, Colón anotó en su diario de viaje que, mientras navegaba por la zona del Triángulo de las Bermudas, una noche vio una bola de fuego descender del cielo. No solo eso: unas semanas después, él y su tripulación avistaron una luz que flotaba en el agua a lo

¡o no! ¿Habéis oído hablar de los vikingos?

lejos, mientras que la brújula del barco se comportaba «de una manera extraña».

Así pues, parece ser que algo misterioso ocurre en esta zona. Por si acaso, si alguna vez os acercáis al Triángulo de las Bermudas, tened cuidado: quién sabe si volveréis a salir.

LOS CÍRCULOS DE LA COSECHA

¿MENSAJES EXTRATERRESTRES?

Año 2008. En un campo cerca de Madrid apareció de la noche a la mañana algo de lo más asombroso: un gran círculo dibujado en la hierba. La vegetación estaba aplastada de manera que formaba una enorme circunferencia con una especie de símbolo dentro. En los días siguientes, la misma marca apareció en campos cerca de Barcelona, Málaga, Bilbao… Se trataba de un fenómeno conocido como «círculos de la cosecha». Aparecen generalmente por la noche y los hay de todas las formas y tamaños, desde unos muy pequeños a otros de centenares de metros de extensión, simples círculos o diseños tremendamente complicados. Tienen en común que nadie sabe cómo se forman, ni por qué.

Para encontrar las primeras noticias sobre los círculos de la cosecha, o al menos algo similar, tenemos que retroceder hasta el año 1678. En Inglaterra se publicó un panfleto informativo con el título *The mowing devil*, es decir, «el demonio segador», donde aparecía el grabado de un demonio... ¡segando un círculo en un campo de cultivo! El dibujo iba acompañado de una historia un tanto extraña: contaba que el propietario de un campo se había discutido con uno de sus trabajadores. El trabajador pedía demasiado dinero por hacer la cosecha, así que el propietario dijo que prefería que el campo lo segara el diablo antes que pagar una suma injusta por ello. Por la noche aparecieron unas luces misteriosas sobre el campo, y, al día siguiente, el granjero se lo encontró completamente segado.

¿Se trataba en realidad del primero de esos misteriosos «círculos de la cosecha»?

Más de un siglo después, un científico inglés escribió un artículo en la revista *Nature*, que actualmente sigue siendo una de las revistas científicas más prestigiosas del mundo. En el artículo hablaba otra vez de estos extraños círculos y proponía una nueva hipótesis: quizá eran causados por tormentas.

¡¡¡Debían de ser unas tormentas rarísimas!!!

A lo largo de los años fueron saliendo a la luz más y más noticias sobre estas señales, la mayoría en Inglaterra. A diferencia del relato sobre aquel primer «diablo segador», las plantas estaban dobladas, no cortadas, pero por lo demás parecía el mismo fenómeno.

En los años sesenta, en el otro extremo del mundo, en Australia, se descubrieron también enormes círculos, aunque no en campos de cultivo, sino en la vegetación alrededor de una laguna. En esa ocasión las plantas no solo estaban dobladas, sino que el propio terreno estaba hundido formando una especie de agujero circular. Como había ocurrido en aquel campo inglés en 1678, un testigo dijo que había visto unas luces flotando por encima del pantano por la noche. Por esa razón se les ocurrió llamar a aquellas marcas «nidos de platillo volante». Los habitantes de la zona estaban convencidos de que se trataba de las marcas que había dejado una nave extraterrestre al aterrizar.

Desde entonces el fenómeno de los círculos de la cosecha se ha multiplicado por todo el mundo, y su aparición es cada vez más frecuente. Muchas veces ocurre cerca de lugares históricos como Stonehenge, un monumento prehistórico compuesto por tres círculos hechos con

más círculos...
¡Sospechoso!

enormes piedras que habría servido de santuario o incluso de observatorio astronómico gigante. Con el tiempo, además, los círculos han aumentado su tamaño y han ido incorporando diseños complejos con líneas, espirales y un sinfín de formas geométricas más.

¿Pero qué son?

¿Podría tratarse de un fenómeno meteorológico como había propuesto aquel científico en el siglo XVIII? Quizá pequeños tornados o remolinos de aire tendrían suficiente fuerza para aplastar la vegetación de un campo, o incluso los círculos podrían estar provocados por centellas o «rayos globulares», un tipo de rayo muy poco común que en vez de descargar sobre la tierra en la típica forma de «rama» lo hace en forma de esfera. ¿Pero qué hay de las formas más complicadas?

Quizá todo esté provocado por pequeños cambios en el electromagnetismo de la tierra, que es lo que hace que una brújula señale hacia el Norte, y también ayuda a que algunos animales migratorios se orienten cuando viajan. El hecho de que el campo magnético de nuestro planeta no sea igual en todas partes podría ser una causa de este fenómeno: afectaría los tallos de las plantas y haría que los cultivos se dobla-

¡por eso no necesitan GPS!

ran; pero, de nuevo, eso podría explicar los círculos u otras formas simples. Pero los grandes diseños, las espirales, los símbolos… eso no se puede atribuir a causas naturales.

¿Qué otra explicación queda? Los círculos de la cosecha parecen hechos para ser vistos desde el aire y son tan complicados y extraños…

¿Podrían tener un origen alienígeno? De la misma forma que aquellos «nidos de platillo volante» australianos podían ser las marcas que dejaba una nave espacial al aterrizar, los círculos de la cosecha quizá sean mensajes que nos mandan seres de otros planetas. Esto es lo que creen los investigadores de fenómenos paranormales, ya que según ellos los círculos son demasiado complicados para que los hayan hecho los humanos.

¿O no?

En el año 1991, dos hombres de apariencia muy normal contactaron con una cadena de noticias británica para revelar una historia asombrosa: ¡confesaron que la mayoría de círculos de Inglaterra los habían hecho ellos! Se habían inspirado en los «nidos de platillo volante» australianos para gastar una broma. Luego, al ver que sus dibujos se hacían famosos, decidieron preparar más. ¡Miles de ellos, durante más de veinte años! Según decían, con solo unas cuantas cuerdas y una plancha de madera podían crear esos diseños tan complicados.

Parece imposible de creer, pero para demostrarlo reunieron a un grupo de periodistas e hicieron un círculo de la cosecha en un campo cercano, en media hora y sin esforzarse demasiado.

Ese mismo día los periodistas hicieron acudir a un experto «cerealogista», es decir, uno de los defensores de la teoría de que los círculos de la cosecha eran de origen extraterrestre. El pobre hombre, sin darse cuenta del engaño, aseguró que aquel círculo era un auténtico mensaje extraterrestre.

Los círculos que aparecieron en España también tienen explicación: ¡era una campaña de publicidad para una marca de bebidas! Unos cuantos creativos de publicidad pensaron que sería una buena manera de llamar la atención: y, desde luego, estaban en lo cierto.

¿Es este otro misterio desenmascarado? Muchos círculos eran, pues, una broma, pero ¿qué hay de los «nidos de platillo volante»? ¿Y de aquel aterrador demonio con una hoz? Hace poco tiempo, un historiador del Reino Unido descubrió marcas extrañas en campos de cultivo por todo el país mientras examinaba viejas fotografías aéreas. Quizá no eran tan espectaculares como aquellos diseños complicados aunque falsos, pero definitivamente tenían forma de círculo... y las fotografías eran de alrededor de 1940, décadas antes de que la pareja de bromistas británicos hicieran sus primeros círculos de la cosecha por diversión.

CÓMO FABRICAR
UN CÍRCULO DE LA COSECHA

Se necesita:

- Un lugar donde dibujar el círculo, lo bastante grande y despejado.

Una hoja de papel.

- Lápiz, goma y otros instrumentos de dibujo: regla, compás…

- Cuerdas (¡que sean largas!).

Un metro o alguna forma de medir distancias.

- Una plancha de madera o plástico duro.

- ¡Un par de ayudantes!

(Atención: si vas a dibujar el círculo en un campo cultivado ¡pide permiso! Si no, elige un campo abandonado, o puedes hacerlo en la playa, ¡que será muchísimo más fácil!)

Primero dibuja tu diseño en papel. Comienza con formas sencillas, no te compliques: los círculos y líneas rectas funcionan muy bien si sabes combinarlos.

Ve al campo o lugar que has elegido, preparado con las cuerdas y la plancha de madera o metal. En el suelo marca dónde

colocarás tu diseño. Luego marca los puntos principales del dibujo (puedes señalar con un palo el centro de los círculos). Utiliza tu borrador en papel como guía.

Ahora es el momento de trazar el dibujo: para los círculos, ata una cuerda a las estacas que tienes clavadas en el suelo y gira alrededor mientras aplastas el césped con la plancha de plástico o madera. Con la cuerda bien estirada te será fácil hacer que las líneas te queden exactas.

Colócate en un lugar alto para ver tu dibujo acabado

Y ¡cuidado que no te atrapen los «hombres de negro» pensándose que eres un alienígena!

CLASIFICADO

35

LAS LÍNEAS DE NAZCA

DIBUJOS A LO GRANDE

En Perú existe un lugar fascinante llamado el desierto de Nazca. Se trata de una extensa planicie cubierta de rocas y arena que oculta uno de los misterios arqueológicos más grandes del mundo: las líneas de Nazca.

Ya en el siglo xvi un explorador español, habló de las «curiosas» marcas de Nazca, unos extraños símbolos que recorrían todo el paisaje. Pero no fue hasta siglos después, cuando se pudo sobrevolar la zona en avión, que los investigadores se dieron cuenta de algo extraordinario: desde el aire se podían ver líneas de varios kilómetros de largo, espirales, triángulos, rectángulos que se entrecruzan formando dibujos y figuras intrincadas, y de repente… ¡animales!

En medio de la llanura hay un colibrí con las alas extendidas y un pico larguísimo, un mono con una increíble cola que forma una espiral, un perro con largas patas, un cóndor, una araña, una llama, una ballena...

Estas extraordinarias marcas las hicieron los Nazca, una civilización que ocupó la zona entre los siglos I y VII d.c. Al principio, los estudiosos estaban alucinados. ¿Cómo habían trazado aquellas líneas? ¿Qué técnica usaban para dibujar a tan gran escala? Algunos pensaron que ¡quizá los Nazca podían volar! Al parecer, en el desierto había los materiales necesarios para construir algo parecido a un mecanismo de globo aerostático, así que un grupo de científicos recogieron juncos y pieles de animales para construir un pequeño globo... ¡Y funcionó! Aunque solo durante unos dos minutos. No, está claro que los Nazca no necesitaban volar para hacer sus dibujos.

Ahora sabemos que primero preparaban los diseños a pequeña escala. A partir de ahí, los trasladaban a una escala más grande usando cuerdas y estacas, que todavía hoy en día permanecen clavadas en el suelo del desierto. A continuación retiraban la capa de piedras que recubría la llanura dejando a la vista la tierra de debajo, que era mucho más clara. El desierto de Nazca es tan seco, y sopla tan poco viento que milagrosamente esas figuras se han conservado hasta nuestros días, a pesar de que la civilización que las creó desapareció hace más de mil trescientos años. Esos dibujos son hoy testimonio del pasado.

(En internet hay un montón de fotografías aéreas. ¡Son una pasada!)

Así pues, sabemos cómo se hacían las líneas, pero ¿para qué?

Cuando los primeros estudiosos se interesaron por las líneas, las llamaron «el calendario más grande del mundo». ¿Recordamos a los mayas? ¿Y a los egipcios? Para los pueblos antiguos, el control del tiempo era más que importante: en realidad, marcar el paso del tiempo y, por lo tanto, de las estaciones era cuestión de vida o muerte.

Así pues, las primeras teorías apuntaban que las gigantescas líneas habrían servido para señalar por dónde salía el sol en determinados momentos del año, o para estudiar otros fenómenos astronómicos como los movimientos de los planetas.

El problema es que no se ha podido demostrar realmente que las líneas correspondan a ningún «calendario». Es cierto que algunas de las marcas señalan en la dirección de la salida o la puesta del sol, pero muchísimas otras parecen coincidir solo por casualidad. Además, ¿qué función tenían los triángulos? ¿Y los grandes espacios rectangulares? ¿Y aquellos misteriosos animales?

Por si fuera poco, entre todos los dibujos reconocibles hay uno que destaca sobre el resto. Una figura... extraña. Al contrario que el resto de animales no está situado en la llanura del desierto, sino en una colina. Es una silueta más o menos humana, pero tiene una cabeza grande y redonda, ojos saltones y una mano levantada como si estuviera saludando... ¿a quién?

¡un extraterrestre!

Entre los investigadores de lo paranormal, algunos defienden la llamada «teoría de los alienígenas de tiempos antiguos». Aunque parece más sacada de un libro de ciencia ficción, esta teoría propone que hace milenios alguna raza alienígena visitó la tierra. Estos alienígenas habrían contactado con los humanos primitivos y les habrían enseñado algunos de sus conocimientos: ciencia, arquitectura, escritura... Los defensores de esta teoría dicen que por eso hay tantos mitos en las civilizaciones antiguas que hablan de «dioses» que enseñan cosas a los humanos, y que eso también explicaría por qué hay pirámides en lugares tan alejados como Egipto, Mesopotamia o América Central. Los partidarios de la teoría de los «alienígenas antiguos» opinan que hoy en día se pueden ver representaciones de estos alienígenas en las pinturas y esculturas de civilizaciones extintas, igual que ocurriría con la «silueta» de Nazca.

Una cosa está clara: los dibujos estaban pensados para ser vistos desde arriba. Entonces ¿las líneas podrían ser pistas de aterrizaje alienígenas? Seguramente no. En realidad las líneas son tan frágiles que hoy en día ni siquiera se puede entrar en el desierto de Nazca si no es con un permiso del gobierno de Perú y unos zapatos especiales para no dejar marcas en el suelo.

Quizá tenían otra función. Quizá las líneas eran algún tipo de mensaje para estos «visitantes» que venían de las estrellas.

El problema es siempre el mismo: ¿cómo demostrarlo? ¿Dónde están las pruebas? Si los alienígenas vinieron a echarnos una mano con la tecnología, ¿por qué no dejaron ninguna prueba? ←

Hay un último problema añadido a la teoría de los alienígenas antiguos. Siempre se dice que las líneas

(Además... si tenían que enseñarnos algo, ¿podrían haber sido cosas más útiles que las pirámides!)

de Nazca solo pueden verse desde el aire... y eso no es cierto. Se distinguen perfectamente desde las colinas que rodean el desierto.

Recientemente ha surgido una nueva explicación que al parecer ha convencido a la mayoría de historiadores y arqueólogos del mundo: se trataba de guías, una especie de mapa gigante, ¡pero no para los extraterrestres, sino para la gente normal y corriente! El desierto de Nazca es uno de los lugares más áridos de la tierra, así que la civilización Nazca, además de las líneas, construyó una asombrosa red de canales y acueductos que hacían llegar agua desde las montañas. Pues bien, resulta que muchas de las líneas conducen directamente a fuentes de agua potable. Ingenioso, ¿verdad?

si una raza alienígena cruzara el universo para visitarnos, tendrían alguna especie de GPS, ¿no? ¿Para qué necesitarían un mapa?

Eso explicaría una gran parte de las líneas. La función del resto, de los rectángulos y las flechas, se descubrió de la manera más fácil: preguntando. Puede que los Nazca desaparecieran hace más de mil años, pero sus descendientes han permanecido por todo el territorio. Hoy en día, estos Nazca modernos todavía hacen sus celebraciones rituales en el desierto y trazan caminos y líneas para sus procesiones y para señalar el camino hacia sus santuarios en el desierto. Lo mismo ocurría en la Antigüedad. Las líneas eran caminos, los triángulos señalaban direcciones y, al parecer, ¡las figuras de animales que han fascinado a los investigadores durante décadas podrían haber servido simplemente para entretener durante el viaje!

GEOGLIFOS, UN PASATIEMPO PREHISTÓRICO

Las líneas de Nazca no son los únicos geoglifos, literalmente «dibujos en la tierra», que existen. En realidad, los hay repartidos por todo el mundo...

En Inglaterra: el caballo blanco de Uffington es un dibujo muy estilizado de un caballo y tiene más de tres mil años de antigüedad. Se hizo arrancando la hierba de una colina para dejar a la vista la tierra que hay debajo, que es de un color blanquecino. Lo más asombroso de todo es que en pocos años las plantas vuelven a crecer, pero el caballo blanco de Uffington se ha conservado porque los habitantes de esa zona de Inglaterra han seguido, durante milenios, manteniendo el dibujo limpio de vegetación.

Los geoglifos de Kazajistán, descubiertos hace poco... ¡a través de Google Maps! La mayoría tienen forma geométrica y, aunque todavía se están estudiando, se calcula que podrían tener unos dos mil años de antigüedad.

El gigante de Atacama: mide 86 metros de alto y está situado en una colina del desierto de Atacama en Chile. Se dibujó hace unos mil años con la misma técnica que las líneas de Nazca. El gigante, se dice, representa a un chamán y lleva una extrañísima máscara de la que salen tres líneas, como rayos. Hay quien dice, por esa máscara tan extraña, que podría ser otro de esos «astronautas» antiguos.

TOP SECRET

Geoglifos

EL MONSTRUO DEL LAGO NESS

TOP SECRET

«NESSIE» PARA LOS AMIGOS

21 de abril de 1934. En las portadas del *Daily Mail*, un periódico inglés, aparecía una fotografía estremecedora: un animal con cuello de serpiente y una gran joroba emergiendo de las aguas de un lago de Escocia. No era la primera vez que alguien veía algo así: un año antes, una pareja había advertido en el mismo lago a una bestia que era, según dijo uno de ellos: «lo más parecido a un dragón o animal prehistórico que he visto en mi vida».

Hoy en día, si le preguntáramos a alguien qué sabe de Escocia, nos diría tres cosas: gaitas, señores con falda (en realidad no es una falda, sino una prenda de ropa llamada *kilt*. y el monstruo del lago Ness.

Monstruos acuáticos los hay por todo el mundo: el kappa, una mezcla entre mono y tortuga que vive en ríos y lagos de Japón esperando a que pase una víctima inocente y luego... devorarla. El kelpie, con apariencia de caballo o de doncella, atrae a los incautos hasta el agua y luego... también los devora. El bunyip australiano, que tiene cabeza de cocodrilo o de perro, cuerpo de caballo, aletas y cuernos, acecha en los ríos y lagos australianos para... sí: también arrastra a los infortunados al agua para merendar.

Por suerte, el monstruo de lago Ness parece ser de una naturaleza más amable y no se ha comido nunca a nadie. Incluso tiene un apodo. Los aficionados a la criptozoología (es decir, al estudio de los animales misteriosos) y los habitantes de la zona lo han bautizado cariñosamente como «Nessie» (aunque, con ese nombre, suena mucho más pequeño de lo que supuestamente es).

¡de momento!

Las historias sobre una criatura monstruosa que habita el lago Ness son mucho más antiguas que aquellas fotografías en los periódicos. Una vieja leyenda habla de un monje irlandés, San Columba, quien se acercó al lago Ness con unos compañeros; allí había un grupo de pictos que estaban enterrando a un hombre. Los pictos eran un pueblo que vivió en lo que hoy en día es Escocia.

Los llamaban así porque acostumbraban a tatuarse o pintarse el cuerpo para asustar a sus enemigos, y por lo que dicen de ellos los textos antiguos parece que lo conseguían, porque tenían muy mala fama. Sin embargo, aquellos pictos se habían encontrado algo mucho peor que ellos: un monstruo que vivía en el lago y aterrorizaba toda la zona. Cuando los pictos contaron la historia de la criatura del lago a San Columba, el monje pidió a uno de sus acompañantes que se metiera en el agua. El monstruo volvió a aparecer, dispuesto a devorar al pobre hombre, pero entonces el santo hizo la señal de la cruz y el monstruo huyó despavorido. No se sabe si es el mismo monstruo, pero el caso es que a partir de esa primera fotografía hecha en 1934, Nessie se convirtió en una celebridad.

¡quizá es por eso que ya no ataca a las personas!

Inmediatamente comenzaron a aparecer testigos que explicaban que ellos también habían visto alguna especie de bestia desconocida en el lago, incluso antes de que se publicara la primera fotografía. Lo cierto es que el mismo lago Ness ya es un lugar envuelto en misterio. Es el segundo lago más grande de Escocia, tiene unos doscientos treinta metros de profundidad y sus aguas son muy oscuras y turbias, casi siempre cubiertas de niebla. Allí abajo podría esconderse casi cualquier cosa.

solo tienes que meterte en internet y googlear el nombre del animalito para ver unos cuantos

Desde entonces han ido apareciendo multitud de imágenes, e incluso vídeos, de algo que podría ser Nessie, y son decenas los testigos que dicen haberlo visto cruzar las aguas del lago. Incluso se han hecho expediciones para encontrarlo. Seguramente la más conocida fue en 1969, cuando un barco equipado con un sónar analizó todo el lago en busca del monstruo. En esa ocasión, el sónar detectó un objeto de grandes dimensiones moviéndose por el fondo del lago, pero enseguida lo perdió, y todavía nadie ha podido explicar de qué se trataba. ¿Sería Nessie? Más adelante, también se colocaron micrófonos submarinos en el agua a gran profundidad, y los resultados fueron asombrosos. Se oían chasquidos y chirridos, y turbulencias como las que haría un animal enorme moviéndose por el agua. Nessie es tan famoso que los estudios y las expediciones para encontrarlo se han sucedido a lo largo de las décadas.

¿Pero qué tipo de animal es exactamente el monstruo del lago Ness? Los escépticos dicen que podría tratarse de cualquier cosa que los testigos hayan confundido con un monstruo: troncos de árbol flotando, una anguila gigante, focas, un tiburón que, remontando el río, hubiera llegado al lago Ness y se hubiera quedado allí a vivir. Otros proponen que más que un animal fantástico podría tratarse de uno… extinguido.

Hoy en día vemos representado a Nessie como una especie de reptil con aletas, cola, cuello muy largo y una cabeza pequeña. En el pasado había existido una bestia así: un plesiosaurio, un tipo de reptil marino que vivió hace millones de años. Coincide con lo que aquella pareja había visto cerca del lago en los años treinta: un ser parecido a un dragón o a un dinosaurio. ¿Y si uno o varios plesiosaurios hubieran sobrevivido en el lago durante millones de años?

El monstruo del lago Ness no es el único candidato a dinosaurio superviviente hasta nuestros días. En las selvas de África se dice que existen animales como el Mokèlé-Mbèmbé o el Muhuru, lagartos gigantes que habitan en las selvas a orillas del río Congo. Igualmente, hoy en día sabemos que algunas especies animales que vivieron al mismo tiempo que los dinosaurios siguen en la tierra, como los cocodrilos, los tiburones, las tortugas...

De hecho, el lago Ness no es el único que tiene un inquilino famoso. La mayoría de lagos escoceses tienen su propio «monstruo», igual que muchos otros lugares por todo el mundo. Por ejemplo, en el lago Tianchi, en Corea del Norte, hay noticias de una criatura con la cabeza parecida a la de un humano, cuello largo y aletas, o una bestia llamada Ogopogo, con tres jorobas y cabeza como de caballo, que según dicen las historias vive en el lago Okanagan en Canadá...

Entonces, el monstruo del lago Ness y todos los demás que pueblan los ríos y lagos del mundo ¿son reales o falsos? ¿Quizá son solo una versión moderna de las leyendas sobre monstruos como el kelpie, el kappa o el bunyip, avivadas por la imaginación de los testigos o las ganas de ver realmente al monstruo? O incluso, un fraude.

¿Recordáis la famosa fotografía de 1934? ¿La que apareció en todos los periódicos y desató la fama de Nessie? Se consideraba la mejor prueba de que había un monstruo en el fondo del lago. Si lo ves, lo crees, ¿verdad?

Pues parece que no: hacia 1974 un grupo de periodistas demostraron que era falsa. Resulta que la fotografía era solo una broma. Ese «Nessie» de pega se habría construido con un submarino al que le engancharon una cabeza de plástico. ¿Pero qué hay de todos los demás testimonios que, a lo largo de los tiempos, afirman que han visto a Nessie?

Lo cierto es que, aunque sí se ha demostrado que unas cuantas «apariciones» del monstruo son falsificaciones, ha habido casi mil avistamientos de Nessie. Eso son veinte avistamientos o noticias cada año, demasiados para ser solo imaginaciones de los turistas y curiosos que cada día visitan el lago...

Si quieres investigarlo tú mismo puedes hacerlo desde el sofá de casa: hoy en día se puede ver el lago desde Google Street View.

EL FASCINANTE MUNDO DE LA CRIPTOZOOGRAFÍA

En el mundo hay muchos más «críptidos» tan conocidos y misteriosos como Nessie. Todavía no se ha demostrado si algunos de ellos existen de verdad...

El yeti, *bigfoot* o *sasquatch*: son nombres distintos para una especie de gran simio que habita en zonas montañosas desde América hasta Asia. Al igual que ocurrió con Nessie, saltó a la fama cuando unos excursionistas asombrados comenzaron a hacer grabaciones y fotografías de este ser misterioso.

El chupacabras: es un críptido muy popular en Latinoamérica. Acostumbra a atacar a animales de granja. Sus víctimas aparecen desangradas y con dos pequeños agujeros en el cuello.

¡Un monstruo vampiro!

... Pero sí se ha demostrado la existencia de otros:

El okapi es un pariente cercano de la jirafa que vive en lo más profundo de las selvas del Congo. Todo el mundo se pensaba que era una leyenda hasta que se descubrió un ejemplar a inicios del siglo xx.

El celacanto, un pez con extrañas aletas redondeadas y sin escamas, solo se conocía por fósiles… hasta que a mediados del siglo xx, unos pescadores en el sur de África atraparon a uno vivo y coleando.

Criptozoografía

55

VAMPIROS

MONSTRUOS DE PELÍCULA

A finales del siglo xix un abogado llamado Jonathan Harker viajó hasta, en Transilvania, para entrevistarse con un cliente, el misterioso y extraño conde Drácula. El conde parecía un hombre amable, aunque un poco extravagante, pero Harker pronto descubrió que en realidad era un ser terrible: ¡un vampiro! El abogado logró escapar por los pelos, pero, mientras tanto, el conde había viajado a Inglaterra en busca de la prometida de Harker, Mina. Drácula consiguió encontrarla y la engañó para que probara su sangre: de esta manera, el conde Drácula podía controlarla y, con el tiempo, convertirla también en vampiro. Por suerte, Harker pudo llegar a Inglaterra a tiempo. Con la inestimable ayuda del doctor Van Helsing y dos compañeros más, persiguieron al vampiro y de una puñalada en el corazón, acabaron con él. Entonces Drácula se convirtió en polvo...

Pero seguro que ya conocías esta historia. Es uno de los cuentos de terror más famosos del mundo, pero no es real. Ni siquiera es una leyenda. En realidad, se trata del argumento de un libro: *Drácula*, del escritor irlandés Bram Stoker. Stoker mezcló viejas leyendas sobre vampiros con la historia de un personaje fascinante: Vlad Draculea. En Rumania, que es donde el verdadero Vlad vivió en el siglo XV, se lo considera un héroe y un gran líder militar. Sin embargo, también tenía su leyenda negra: Vlad Draculea tenía el sobrenombre Vlad Tepes, es decir, «Vlad el Empalador».Y sí, es tan malo como suena: Tepes tenía por costumbre clavar a sus enemigos en largas estacas. *¿¡Cuando todavía estaban vivos?!*

Visto así, se entiende perfectamente que Stoker eligiera a Vlad Tepes para encarnar el vampiro del que hablaba su novela. Al final, con esta mezcla de ficción y realidad, *Drácula* se hizo tan importante que hoy en día el vampiro es uno de los personajes de terror más conocidos del mundo.

En realidad, si somos estrictos con su definición, un vampiro es un ser que se alimenta de sangre. Según la mayoría de tradiciones, los vampiros eran personas desafortunadas a las que, después de que hubieran sufrido un accidente especialmente violento, se daba por muertas y se las enterraba. Luego el susto era mayúsculo cuando estas se levantaban de sus tumbas convertidas en monstruos. Según otras culturas como la china, cualquiera podía convertirse en vampiro, ¡solo hacía falta que un gato o un perro saltara sobre su tumba!

Entre las leyendas y la popularidad que les dieron las novelas, hoy en día existen centenares de historias de vampiros. Estamos acostumbrados a esta figura porque ahora aparece en películas, libros, cómics, series de televisión… y en la ficción hay vampiros buenos, malos, atractivos, feos; en algunas historias son el villano, y en otras son el héroe. Pero no nos engañemos: los vampiros tienden a ser malos. Al menos, durante miles de años han sido personajes de pesadilla, tan temidos que iban más allá de la leyenda. En realidad, representaban una preocupación real para mucha gente.

Por ejemplo, en 2014 en Bulgaria se descubrió una tumba medieval con una sorpresa de lo más desagradable dentro: el esqueleto del difunto tenía una estaca de metal clavada en medio del pecho. Además, una de las piernas del muerto estaba cortada y colocada al lado del cuerpo. El mismo año un grupo de arqueólogos que estaban excavando un cementerio en Polonia hicieron descubrimientos

¡así el vampiro no podría perseguirlos! Muy listos

similares: algunos de los esqueletos que desenterraron tenían grandes rocas colocadas sobre el pecho y el cuello, otros estaban clavados al suelo con hoces y otras herramientas agrícolas. Estos aldeanos habían ido mucho más allá de las cabezas de ajo para protegerse de los vampiros, ¡habían pasado a la acción! Lo más inquietante es que las tumbas de Polonia no eran de una época antigua y llena de supersticiones como el medievo, ¡sino que eran del siglo XVIII!

Así pues, los vampiros han existido en todas partes y desde hace siglos. Incluso ha habido epidemias de vampiros. Aunque parezca imposible, hace unos trescientos años en Serbia se dieron dos casos que alarmaron terriblemente a la opinión pública.

El primer caso fue un tal Peter Plogojowitz, un campesino que vivía en un pueblo llamado Kisilova. Parece ser que Plogojowitz murió en el año 1725, pero unos días después salió de su tumba y regresó a su casa, donde le pidió a su mujer que le diera un par de zapatos. Poco después algunos vecinos del pueblo aparecieron con heridadas terribles, prácticamente desangrados, y acusaban al ex difunto Plogojowitz de haberlos atacado. Otras versiones de la historia dicen que el vampiro se le apareció a su hijo, pidiéndole algo de comer, y que cuando el hijo se negó, lo mató. Sea como sea, los vecinos decidieron tomar cartas en el asunto. Invitaron a un funcionario del gobierno y al párroco del pueblo para actuar como testigos, desenterraron a Plogojowitz y... no es agradable ver un cadáver, y menos uno que lleva enterrado unos cuantos días, pero al abrir la tumba se encontraron algo todavía peor: al cuerpo le habían crecido el pelo, las uñas y la barba, y alrededor de la boca parecía tener sangre... ¡Eso demostraba que era un vampiro! Los aldeanos, que ya sabían perfectamente lo que debían hacer, le clavaron una estaca en el corazón. El informe del funcionario, que se llamaba Frombald, llegó a los periódicos de media Austria .

> ¡el informe del funcionario se puede consultar por internet! Pero está escrito en alemán...

Pocos años después, en 1726, ocurrió un caso similar: Arnold Paole era un soldado que, según se decía, había sido atacado por un vampiro cuando era joven y había muerto en un accidente . Poco después, cuando

> ¡ajá! ¡Muerte violenta!

ya debería estar muerto y enterrado, algunos de los vecinos de Paole comenzaron a decir, asustadísimos, que lo habían visto pasear por su pueblo. Estas apariciones del ex difunto Paole fueron acompañadas de una serie de muertes, así que los vecinos decidieron

desenterrarlo y administrarle la mejor cura conocida para el vampirismo: ¡una estaca directa en el corazón! Se dice que al clavarle la estaca Paole gruñó y se rebatió. ¡Otro vampiro!

Pero la epidemia no acabó aquí: cinco años después, en el mismo pueblo se repitieron los mismos incidentes: en tres meses murieron diecisiete personas. El gobierno de la zona aseguraba que las muertes las habría causado alguna misteriosa enfermedad, así que mandaron a dos médicos para que investigaran los casos. Los médicos no encontraron ninguna causa para las muertes, así que al final hicieron caso a los lugareños, quienes sospechaban que todavía quedaban vampiros en el pueblo. Fueron al cementerio, desenterraron a los sospechosos de vampirismo y se llevaron una sorpresa monumental al ver que, a pesar de que ya habían pasado unos meses, algunos de los cadáveres tenían la piel de un tono rosado y saludable, e incluso que uno de ellos ¡había engordado!

Estos casos fueron tan escandalosos en la época que por toda Europa del Este la gente comenzó a preocuparse de verdad. El caos y la histeria fueron tales que la emperatriz de Austria tuvo que prohibir que la gente fuera por ahí abriendo tumbas y clavándoles estacas a pobres muertos inocentes.

Parece ser que con esas leyes se pudo controlar la histeria de la gente y se acabaron aquellas «epidemias de vampiros», pero eso no significa que se resolviera el misterio...

PREPARA TU PROPIO
«KIT ANTIVAMPIROS»

¿Los no-muertos se pasean por tu barrio aterrorizando a la gente? ¿Sospechas que ese vecino tuyo que viste con capa y ropa pasada de moda pueda ser un conde transilvano de incógnito? No hay problema: tú mismo puedes preparar tu propio equipo para luchar contra los vampiros con objetos cotidianos. Necesitarás:

Estacas de madera. Según las leyendas, una estaca clavada directamente en el corazón es un método infalible para acabar con un vampiro.

de hecho, si lo piensas bien, una estaca en el corazón funcionaría contra cualquiera

Ajo. Por alguna razón los vampiros odian el olor a ajo, así que unos dientes de ajo en el bolsillo nunca están de más. Si a ti tampoco te gusta el olor, en el supermercado puedes comprar ajo en polvo, que viene en botes cerrados.

Granos de arroz. Según algunas tradiciones, los vampiros son tan ordenados que si lanzas un puñado de granos de arroz o algún otro tipo de semilla frente a ellos, se dedicarán a recoger y contar los granos uno por uno en vez de atacarte.

Un espejo. Según se dice, los vampiros no tienen reflejo. Si alguna vez sospechas que alguien que conoces puede ser un vampiro, ¡el método del espejo es una forma fácil de saber si tienes que ir corriendo a por una estaca!

Expediente clasificado:
LV 187945/7984564

Vampiros

CLASIFICADO

LA BESTIA
DE GEVAUDAN

TOP SECRET

UN MONSTRUO MUY REAL

Hay historias sobre monstruos amables que impresionan pero no le hacen daño a nadie, como Nessie del lago Ness, y las hay de monstruos que pueden ser tanto los héroes como los villanos de sus películas, como los vampiros. Después están los seres que no te dan opción: parecen sacados directamente de una pesadilla; como la bestia de Gevaudan.

Los testigos que sobrevivieron a sus ataques decían que tenía el tamaño de un buey, una mandíbula enorme, orejas cortas y rectas, pelaje rojizo en las patas pero negro en los flancos... Así era la bestia que en el siglo XVIII aterrorizó la región de Gevaudan en Francia y dejó atrás más de cien muertos.

La región de Gevaudan es, todavía en nuestros días, una zona muy boscosa y agreste situada en el corazón de Francia. En el siglo XVIII sus habitantes se dedicaban básicamente a la agricultura y la ganadería, de modo que los hombres trabajaban los campos mientras que las mujeres y los niños se encargaban de llevar el ganado a pastar. Así es como hizo su primera aparición la bestia: en junio de 1764, una chica que cuidaba de su rebaño vio al monstruo acercándose. Por suerte pudo refugiarse entre sus animales, que la defendieron, y salió ilesa. Menos suerte tuvo una joven de catorce años unos meses después, que se convirtió en la primera víctima «oficial» de la bestia de Gevaudan.

¡esta no tiene un nombre cariñoso como Nessie!

A partir de entonces, los ataques se multiplicaron. Varias partidas de hombres trataron de cazar a la bestia, pero con tan poco éxito que al final las autoridades de la zona pidieron ayuda a una compañía de dragones, que eran un tipo de soldados a caballo, para que los ayudaran. Sin embargo lo único que consiguió la llegada de los dragones fue que la bestia huyera a otras zonas más remotas de Gevaudan, donde volvió a sus andadas. De hecho, el 7 de octubre del mismo año apareció otra víctima... o al menos una parte. Solo de cuello para abajo: la cabeza la encontraron una semana más tarde. ↖ ¡Qué miedo!

Por la forma en que atacaba, las heridas de las víctimas y la multitud de ellas (¡habían transcurrido solo cuatro meses desde el primer ataque y ya había docenas de víctimas!) la bestia no se parecía a ningún animal conocido en la zona. Además, por muchas batidas de caza que se hicieran, siempre lograba escapar, como si tuviese poderes sobrenaturales. En una ocasión, dos cazadores la encontraron, le dispararon, la bestia cayó… y después se levantó y huyó hacia el bosque. ¡Era inmune a las balas!

No todos los encuentros con el monstruo acabaron con víctimas mortales. En enero del año siguiente un grupo de niños sufrió un nuevo ataque. Cuando el monstruo logró morder a uno de ellos y trataba de llevárselo, los otros niños quisieron huir, pero uno de ellos, Jacques André Portefaix, animó a los demás para que contraatacaran. Los niños se organizaron para ahuyentarla clavándole palos afilados en los ojos, y así pudieron salvar a su compañero. El joven Portefaix se convirtió en un héroe de la noche a la mañana. Incluso recibió un premio del rey de Francia por su valentía.

Sin embargo, los ataques no se detuvieron. En realidad, se hicieron más frecuentes y más atrevidos: con los meses, la bestia ya no acechaba solo a personas solitarias en los bosques, sino que se adentraba en los pueblos, ¡e incluso entraba en las casas de la gente!

Visto que ni los cazadores de la zona ni los dragones a caballo eran capaces de hacer nada, el rey de Francia Luis XV tomó cartas en el asunto . Mandó a un cazador muy famoso en la época, un tal Martin Denneval, a ver si él conseguía lo que los dragones no habían logrado.

¡normal! No podía quedarse de brazos cruzados si no quería quedarse sin súbditos

¡Pero no había manera! La bestia escapaba cada vez que alguien intentaba darle caza, y nada parecía herirla. Recibió dos disparos mientras atacaba a un adolescente cerca del bosque de la Rechauve, pero no sirvió de nada. Días después, una chica le clavó una lanza y consiguió tirar a la bestia a un río. Durante unos días se pensó que todo había acabado, pero no fue así. A pesar de las heridas, la bestia siguió sembrando el terror por toda la región de Gevaudan.

Visto el panorama, el rey buscó a otro que le solucionara el problema. Despidió a Denneval y mandó a un soldado

le estaba bien empleado, por inepto

llamado François Antoine. Este, además de ser un cazador excelente, estaba convencido de que el monstruo no era más que un simple lobo.

Unos días después, Antoine vio a un lobo especialmente grande y lo abatió. Quedó como un héroe, incluso algunos supervivientes identificaron aquel animal como la bestia feroz que había tenido a todo el mundo en jaque durante meses. Los campesinos de la región de Gevaudan respiraron tranquilos... durante unos meses.

Pero a principios de 1766 comenzaron los ataques otra vez. En un primer momento se culpó a una manada de lobos, pero cuando en primavera los ataques comenzaron a multiplicarse, no quedó duda: la bestia había regresado.

Se repitieron el terror y las cacerías por toda la región hasta que, por fin, el 18 de junio, casi tres años después del primer ataque, un cazador de la zona llamado Jean Chastel encontró a la bestia, cargó su fusil y la abatió con tres tiros certeros. Según la leyenda, las balas que usó eran de plata. Después de eso, ya no hubo más ataques.

 Por fin

Llevaron el cuerpo de la bestia al palacio donde vivía el rey de Francia, en Versailles. Cuando llegó allí, el cadáver estaba ya medio descompuesto, pero un experto analizó los restos y declaró que definitivamente se trataba de un lobo.

¿Cómo era posible que se hubiera levantado tanto revuelo por un lobo?

Jean Chastel

Es cierto que después de que Chastel matara a la segunda bestia ya no hubo más ataques, pero, según los testigos, la bestia era grande como un buey, de color rojizo, boca enorme... Algunos decían que era capaz de levantarse sobre dos patas, y, según las historias, sobrevivía milagrosamente a los disparos. Así pues, la bestia no se parecía en nada a un lobo. Además, en la región de Gevaudan estos animales eran tremendamente comunes. Aunque la imaginación de los campesinos hubiera podido jugarles una mala pasada, estaban acostumbrados a verlos por la zona, ¿era posible que se equivocaran?

La respuesta es fácil: no. Ningún habitante de Gevaudan habría podido confundir a un lobo con otra cosa. Los escritos de la época siempre hablaron de la «bestia» de Gevaudan, no del «lobo» de Gevaudan.

Ya en aquella época se especuló que podría tratarse de un cruce entre un lobo y alguna raza de perro grande, como un mastín. Así se explicaría que la bestia se acercara tanto a pueblos y ciudades. A pesar de que los lobos suelen ser los malos de los cuentos, la verdad es que no suelen acercarse a los humanos, pero un perro sí lo haría. Sin embargo, esta teoría tiene el mismo problema: los testigos habrían reconocido a un perro rápidamente.

También podría tratarse de una especie un poco más exótica. Algunos dijeron que podía tratarse de un gran felino, como un tigre o un león. O incluso una hiena escapada de algún circo ambulante...

Hay una última teoría mucho más siniestra: que la bestia estaba controlada por alguien. Eso explicaría por qué atacó a tantísima gente, a veces a varias personas en un mismo día, porque no lo haría solo para alimentarse. Además, la bestia parecía inmune a las balas, lo cual podría explicarse fácilmente... ¡con una armadura! Resulta que era común, en aquella época, que a los perros de caza les colocaran armaduras hechas con pieles de jabalí para protegerlos.

¿Pero quién podría ser tan malvado para usar la bestia para matar? En el siglo XX, cuando se formuló por primera vez esa teoría, también se encontró a un posible culpable: Jean Chastel, el cazador que mató a la «segunda» bestia. No solo se decía que Chastel era aficionado a la cría de perros sino que durante unos meses de 1765 los ataques de la bestia se detuvieron sin ninguna causa. Extrañamente, estos meses coinciden con un tiempo en que Jean Chastel y sus hijos habían estado encarcelados por enfrentarse a los dragones, aquellos soldados que el rey había mandado para acabar con la bestia...

LA LEYENDA DE LAS BALAS DE PLATA

Según se cuenta, Chastel usó tres balas de plata para abatir a la bestia. Este detalle no aparece en los textos de la época, sino que es una leyenda que contaban los propios campesinos de la región de Gevaudan. Sea cierto o no, lo curioso es que las balas de plata han sido tradicionalmente un remedio para acabar con todo tipo de bestias malignas, como por ejemplo... los hombres lobo. Quizá el monstruo de Gevaudan no era ni un lobo, ni un hombre... sino ambas cosas a la vez.

LAS FOTOGRAFÍAS DE COTTINGLEY

¿HADAS EN EL SIGLO XX?

Las hadas son de los seres fantásticos más comunes en las tradiciones europeas: se las puede encontrar en Alemania, en Inglaterra, y también por todo el Mediterráneo, como las ninfas de la mitología griega. Incluso en la península Ibérica hay hadas, como las mujeres de agua en los Pirineos.

También aparecen en la literatura: en los cuentos son muy comunes las hadas madrinas y las hadas pequeñitas que viven en los bosques y tienen alas como de insecto.

Como ocurría con muchos otros seres legendarios, en la Antigüedad la gente pensaba que las hadas eran reales. Si uno quería tener contento a las hadas de su zona les dejaba regalos como pan o leche en la puerta de su casa. Si, en cambio, alguien quería protegerse de ellas (porque, al contrario de lo que se dice en los cuentos, no todas las hadas son buenas) podía ahuyentarlas, por ejemplo, llevando algún objeto de hierro en el bolsillo. Durante el medievo, incluso se pensaba que las hadas a veces robaban bebés humanos y los cambiaban por uno de los suyos. *¿los suyos no tenían alas?*

Puede parecer que, con el paso de los siglos, todas estas historias hayan pasado al mundo de la fantasía, pero hubo quien hasta hace muy poco siguió creyendo en estos seres mágicos...

¿Os suena Sherlock Holmes? Es uno de los personajes de la literatura más internacionales y conocidos del mundo, obra del escritor Sir Arthur Conan Doyle. Pues bien, aunque parezca mentira, el creador del mejor detective del mundo, que usaba siempre la razón y la lógica para resolver sus casos, ¡cayó de lleno en uno de los engaños más esperpénticos del siglo XX!

Esta historia comienza en 1920, cuando Sir Arthur Conan Doyle estaba preparando un artículo sobre hadas para una revista llamada *The Strand*. Mientras recopilaba información para su trabajo, un amigo de Conan Doyle le habló de algo extraordinario: dos niñas de un pueblecito inglés llamado Cottingley tenían fotografías en las que aparecían auténticas hadas. Según las niñas, dos primas llamadas Frances Griffiths y Elsie Wright, a menudo veían grupos de estos seres en un arroyo cerca de su casa, por lo que un día decidieron fotografiarlas. En la primera imagen, una de las niñas miraba directamente a la cámara mientras a su alrededor había un grupo de hadas bailando. Eran como las de los cuentos: apenas medían quince centímetros de estatura y tenían unas preciosas alas de mariposa. En la segunda fotografía, la chica mayor, Elsie, estaba sentada en medio de un prado y una especie de duende con aspecto de anciano estaba posado en su rodilla.

Dispuesto a conseguir más retratos de esos seres para su artículo, Conan Doyle mandó a un amigo suyo para que les prestara otra cámara a las niñas. Aquel verano, Elsie y Frances consiguieron tomar tres imágenes más: en la primera Frances salía acompañada de un hada en pleno salto, con sus alas de mariposa extendidas. En la segunda, un hada le ofrecía una flor a Elsie. En la tercera y última fotografía, aparecía una especie de nido hecho con plantas y un grupo de hadas tomando el sol. ¿Las hadas también toman el sol?

En total, Conan Doyle se había hecho con cinco fotografías. ¡Increíble! El escritor no cabía en sí de contento:
estaba convencido de que las imágenes confirmaban
que las hadas eran reales y no una simple leyenda. Además, Conan Doyle creía que el asombroso descubrimiento de las hadas de Cottingley ayudaría a demostrar ante
el mundo que otros fenómenos sobrenaturales, como
el espiritismo, también eran auténticos. Así pues, se
dispuso a escribir aquel artículo que le había encargado
la revista *The Strand* con las fotografías como principal
reclamo para los lectores.

El día que las fotografías salieron publicadas causaron
sensación en toda Inglaterra. Todos los números de la
revista se vendieron en apenas una semana y miles de
personas se convencieron de la existencia de las hadas.
Si Sir Arthur Conan Doyle, que era un escritor famoso y
respetado, decía que las fotografías eran ciertas, ¡todavía
con más razón tenían que serlo!

Sin embargo, enseguida aparecieron muchos periodistas y fotógrafos que comenzaron a encontrarles pegas.
Decían que las fotografías resultaban extrañas, y que las
hadas, aunque parecían moverse y saltar, eran demasiado... planas. Muchos opinaban que en realidad daban la

sensación de ser un dibujo, y que las hadas eran demasiado similares a como se las describía en los cuentos. Por si fuera poco, la ropa y los peinados que llevaban, ¡estaban a la última moda! ←——————— Quizá simplemente a las hadas les gusta ir bien arregladas...

Por desgracia, las ilusiones de Conan Doyle no se cumplieron. Ni las fotografías ayudaron a demostrar la existencia de otros fenómenos paranormales ni, en realidad, la historia duró mucho tiempo en las primeras páginas

de los periódicos. Pocos años después la prensa ya casi se había olvidado de aquellas maravillosas hadas de Cottingley. Incluso las niñas Frances y Elsie se negaban a hablar del tema.

Tuvieron que transcurrir casi cincuenta años para que el caso volviera a investigarse. Un reportero de un periódico localizó a Elsie Wright, que ya no era tan niña, y de repente todo el mundo quería entrevistarla a ella y a Frances para tratar de resolver el misterio. ¿Las hadas eran reales o no? ¿Habían trucado las fotografías de alguna forma?

Elsie y Frances pasaron por periódicos, estudios de radio y platós de televisión contando su historia, pero los periodistas no conseguían aclarar nada. A veces parecía que confesaban que todo el asunto había sido un engaño, pero otras aseguraban que las hadas eran completamente reales.

Al fin, en 1978, un experto en desenmascarar fraudes sobrenaturales llamado James Randi (Randi posee una fundación que ofrece un millón de dólares a cualquiera que pueda demostrar que tiene poderes sobrenaturales, ¡pero hasta ahora nadie ha reclamado el premio!) examinó a fondo las fotografías y declaró que sin lugar a dudas se trataba de un montaje. En primer lugar, porque al ampliar las imágenes con un ordenador se podía ver como las hadas se sostenían no sobre sus piernas, sino mediante alfileres e hilos. Y en segundo lugar, porque las figuras resultaban sospechosamente similares a las que aparecían... en un cuento para niños que se había publicado más o menos al mismo tiempo que habían aparecido las primeras fotografías.

¿Cómo nadie se había dado cuenta antes?

Frances y Elsie, ya ancianas, no pudieron negarlo más. En 1985 dieron una última entrevista y lo confesaron todo: al parecer prepararon las fotografías como una broma, para divertirse, pero cuando la historia se hizo más popular ya no lo pudieron parar. Al final, ¡callaron porque se sentían culpables! Un hombre como Arthur Conan Doyle, uno de los escritores más famosos y reconocidos de su época, había caído de lleno en la trampa. En la entrevista, Frances dijo: «Nunca pensé en ello como si se tratara de un fraude. Elsie y yo solo quisimos divertirnos un poco y todavía hoy no puedo entender cómo llegaron a creérselo. Ellos querían creer».

Así pues, al final parece que todo fue una broma que se les fue de las manos a dos niñas pequeñas. Excepto por un detalle: si bien Frances y Elsie confesaron que las fotografías estaban falseadas, aseguraban que habían visto hadas de verdad en aquel arroyo cerca de su casa. De hecho, hasta el día de su muerte Frances aseguró que, aunque las primeras fotografías habían sido un truco, la última imagen de las hadas tomando el sol sí era auténtica.

LOS NIÑOS VERDES DE WOOLPIT

Una de las historias de hadas más extrañas que se han oído en Europa es la de los niños verdes de Woolpit. Aparece en dos libros medievales distintos, y sus respectivos autores aseguran que los hechos ocurrieron de verdad. Al parecer, en un pueblo llamado Woolpit, al este de Inglaterra, un buen día llegaron un niño y una niña, hermanos... y de color verde. No solo tenían la piel verde, sino que llevaban ropas extrañas y hablaban un lenguaje que nadie en el pueblo era capaz de entender, ni de identificar con alguna lengua conocida. Durante meses, además, rechazaron cualquier comida

excepto los guisantes crudos. Poco a
poco, los dos niños se acostumbraron a
comer cosas normales como pan y leche,
perdieron su llamativo color verdoso e
incluso aprendieron a hablar inglés.
Y cuando aprendieron, explicaron que
habían venido de un lugar subterráneo
llamado «Tierra de San Martín», donde
todo el mundo era de color verde como
ellos. Según decían, habían oído el
sonido de las campanas de una iglesia
y, de repente, sin saber cómo, habían
aparecido en Woolpit.

LA ATLÁNTIDA

SE BUSCA CONTINENTE

Hace miles de años, existió una isla maravillosa. En esta isla había una ciudad hecha de materiales preciosos, con canales, jardines, torres de cristal, y rodeada por unas murallas recubiertas de oro, plata y un extraño metal de color rojo llamado orichalcum. Justo en el centro de la ciudad se alzaba una colina coronada por un templo que estaba dedicado al dios Poseidón, el señor de los mares. Los habitantes de esta isla, llamados atlantes, eran educados y cultos, su tecnología era avanzada hasta niveles impensables, pero también eran ambiciosos: trataron de conquistar a los demás pueblos de la tierra, pero fueron derrotados por la ciudad griega de Atenas. Entonces los dioses del Olimpo decidieron castigarlos. En tan solo un día y una noche, la isla se hundió para siempre en el mar. ¡Qué desastre!

¿Conocías esta historia? Es el mito de la Atlántida, el continente perdido. ← *¿Cómo se pierde un continente entero?*

El origen de esta historia está en la antigua Grecia y en un filósofo llamado Platón. En uno de sus escritos, Platón explicaba que un viejo mercader egipcio le había contado el mito de esta ciudad perdida, que había existido nueve mil años atrás.

Lo cierto es que durante casi dos mil años la historia de la Atlántida fue solo eso: un cuento en un libro de filosofía, un mito, una leyenda. Hasta que, en 1880, un político y escritor norteamericano llamado Ignatius Donnelly escribió un libro con el título *Atlantis, el mundo antediluviano*, donde afirmaba que el relato de Platón era absolutamente real. Es más, también decía que cuando la Atlántida se hundió, los conocimientos de esa avanzadísima civilización no se perdieron del todo, sino que algunos atlantes lograron sobrevivir y se establecieron por todo el mundo. Según el libro, los egipcios, los mayas y otros pueblos de la Antigüedad aprendieron algunas de sus técnicas de esos atlantes supervivientes. Eso explicaría por qué algunos inventos como el comercio, la escritura o incluso las pirámides surgieron en varios lugares a la vez por toda la tierra: ¡todo se lo debemos a los atlantes!

¡pero si entre las pirámides mayas y las egipcias hay más de dos mil años de diferencia!

Con el tiempo, las ideas de Donnelly se hicieron tremendamente populares. Hoy en día, la Atlántida no es solo un mito, sino también un gran misterio. ¿Fue real? ¿Qué ocurrió realmente con esta maravillosa civilización? Y, sobre todo, ¿cuál era la localización geográfica de la isla?

En realidad, hay varios «candidatos» a ocupar el lugar de este famoso continente perdido repartidos por todo el mundo, ¡desde América hasta China!

Vamos a ver algunos de ellos:

Según Platón, la Atlántida se encontraba más allá de las Columnas de Hércules, o lo que hoy llamamos... el estrecho de Gibraltar. Por lo tanto, muchos investigadores buscan el continente por esa zona. ¿Quizá hundido en medio del océano Atlántico, que se llama así precisamente por la Atlántida? No parece muy posible, porque con la tecnología que tenemos hoy en día, sería difícil pasar por alto un continente entero. Así pues, quizá la Atlántida no era tan grande, o no se hundió realmente.

Resulta que en el archipiélago de las Bahamas, en el Caribe, hay una isla llamada Bimini. Cerca de allí, en 1960 unos submarinistas encontraron unas enormes losas en el lecho marino que parecían nada más y nada menos que una ca-rretera. ¿Por qué había una carretera en el fondo del mar? Rápidamente pensaron que debía de pertenecer a alguna antigua civilización, y sumando dos más dos, decidieron que podía ser la perdida Atlántida. Las Bahamas quedan un poco lejos de donde Platón situaba la isla, pero justamente están en un lugar casi tan misterioso: ¡el Triángulo de las Bermudas! Por desgracia, parece ser que las grandes losas de piedra hundidas en Bimini no pueden ser más naturales: son columnas de roca volcánica.

¿¡Además de barcos también desaparecían continentes!?

También se podría buscar la Atlántida un poco más cerca de donde la describió Platón. Veamos: pasado el estrecho de Gibraltar están las islas Canarias y las islas Azores, pero no parece que hayan desaparecido bajo el agua últimamente... así que esta opción también quedaría descartada.

¿Y Tartesos?

Tartesos es una gran candidata para ser la desaparecida Atlantis. Se trata de una civilización mítica o casi mítica, y está más o menos en el lugar correcto, más allá de las Columnas de Hércules, aunque no es ni una isla ni un continente: Tartesos se situaba en la desembocadura del río Guadalquivir, cerca de Cádiz. Todavía hoy se conservan varios yacimientos arqueológicos tartesios en Andalucía, y gracias a ello sabemos que fue una civilización muy rica, muy avanzada para la época, y que desapareció casi sin dejar ni rastro... suena un poco como la Atlántida, ¿verdad? Pero los arqueólogos e historiadores saben que el reino de Tartesos desapareció sobre el año 535 a.C., es decir, hace unos dos mil quinientos años, mientras que, según Platón, la Atlántida existió ¡hace más de nueve mil años!

No parece que estemos muy cerca de encontrar la Atlántida... pero quizá no deberíamos buscarla fuera del Medi-

¡parece una rosquilla!

terráneo, sino dentro. De hecho, al mirar atentamente un mapa del Mediterráneo, se puede ver que cerca de Grecia hay una isla llamada Santorini que tiene una curiosa forma circular. ¿Sabéis por qué es tan interesante Santorini? Pues que no siempre tuvo esa forma tan extraña. Hace miles de años, Santorini, que se llamaba Thera, tenía una forma bien normal, hasta que el supervolcán que había en el centro de la isla explotó. ¿Sabéis qué es un supervolcán? Pues lo mismo que uno normal, pero miles de veces peor. El de Thera explotó provocando terremotos y tsunamis y dejando un agujero enorme en medio de la isla.

¿Podría ser ese el origen del mito, entonces? La parte sobre una civilización tremendamente avanzada para su época que se hundió de repente en el mar encaja a la perfección, pero de nuevo las fechas no concuerdan: la explosión de Thera ocurrió solo hace unos dos mil quinientos años.

Por el momento no se ha podido demostrar a ciencia cierta si alguno de estos «candidatos» fue la verdadera Atlántida. Pero los investigadores no tiran la toalla, porque de vez en cuando se hacen nuevos descubrimientos que arrojan un poco de luz sobre el misterio: en el año 2015 se encontró un derelicto

un derelicto es un barco hundido

en la isla de Sicilia cargado de un metal de lo más extraño. Se trataba de una aleación de cobre, plomo, zinc y níquel de color rojizo, un metal que aparecía en las descripciones que el filósofo Platón hizo sobre la Atlántida: el *orichalcum*. Según Platón, si lo recordáis, este metal de color rojo recubría las murallas de la ciudad de Atlantis. ¿Quizá ese barco hundido se dirigía hacia allí? ¿Puede que la Atlántida existiera de verdad, al fin y al cabo?

¡LA ATLÁNTIDA NO ES EL ÚNICO CONTINENTE PERDIDO!

Lemuria. En el siglo XIX, algunos científicos franceses pensaron que había existido un gran continente entre África y Nueva Zelanda. Tuvieron esta idea al encontrar fósiles de un tipo de primates llamados lémures en la India, muy lejos de la isla de Madagascar, que es donde viven los lémures actualmente. Pensaron que en algún momento había tenido que existir una tierra que la uniera con Madagascar, y a este continente perdido lo llamaron Lemuria.

Hoy en día sabemos que no hubo tal cosa, sino que la isla de Madagascar había estado unida a la India hace millones de años, y que poco a poco se fueron separando.

Terra Incognita Australis: en cuanto los europeos comenzaron a explorar el mundo allá en el siglo xv, se dieron cuenta de que la mayoría de continentes se encontraban en el hemisferio norte de la tierra. Y les pareció que eso quedaba… desequilibrado. Así pues, imaginaron que en alguna parte del hemisferio sur tenía que haber un continente aún por descubrir, igual de grande que América, Europa y Asia juntas, al que llamaron *Terra Incognita Australis*, es decir «Tierra desconocida del sur». En el siglo xviii el capitán James Cook demostró que no había tal *Terra Incognita Australis*, pero sí un continente bastante más pequeño: ¡Australia!

Lemuria

CLASIFICADO

LOS VIKINGOS

VIAJEROS DE LEYENDA

Seguro que si pensamos en un vikingo nos imaginamos a un señor con barba larga y casco con cuernos que ataca a sus enemigos con un hacha bien grande. En realidad, esto no es del todo cierto. Primero, los cascos de los vikingos no tenían cuernos, ¡eso una invención de las películas! Y segundo, este pueblo que vivió en lo que hoy en día es Escandinavia (es decir, los países de Suecia, Noruega y Dinamarca) constaba en su mayoría de pacíficos granjeros y comerciantes. Lo que ocurría era que Escandinavia era una tierra muy pobre, así que para ayudarse un poco a sobrevivir también organizaban expediciones en busca de nuevas tierras. Y tesoros, y esclavos.

Así pues, los vikingos han pasado a la historia por el rastro de sangre y destrucción que dejaron por media Europa, pero en realidad, lo más asombroso que hicieron fue viajar: colonizaron las islas de Islandia y Groenlandia y llegaron hasta lugares tan lejanos como Constantinopla (hoy en día es una ciudad llamada Estambul, en Turquía). De hecho, durante mucho tiempo, los visitantes de la iglesia de Santa Sofía en Constantinopla se habían fijado en que había unas extrañas marcas en una de las barandillas del edificio. Al principio creían que se trataba de simples arañazos, hasta que se descubrió que se trataba de un tipo de letras llamadas «runas» que solían utilizar los vikingos, y ponía algo parecido a «Halfdan hizo estas runas». ¡Las inscripciones en Santa Sofía eran un grafiti hecho por un viajero vikingo!

¿Pero ya se hacían grafitis en aquella época?

Este descubrimiento era una prueba irrefutable de que los vikingos habían viajado hasta allí, ¿pero puede ser que llegasen incluso más lejos?

Ya en aquel entonces algunos indicios apuntaban a la posibilidad de que los vikingos hubiesen llegado más lejos de lo que se pensaba. La más importante de estas pistas se encuentra, de hecho, en las propias leyendas vikingas. A pesar de que los vikingos conocían la escritura, no solían usarla mucho, y en realidad su historia solía transmitirse oralmente de padres a hijos. Es lo que llamamos las «sagas» vikingas. Según las sagas, uno de los exploradores vikingos más importantes fue Erik el Rojo, que llegó hasta una gran isla en el norte del Atlántico y la llamó «Groenlandia», que significa «tierra verde», aunque la isla está cubierta de hielo la mayor parte del año. No es que Erik el Rojo no supiera distinguir un color del otro, es que «tierra verde» sonaba mucho mejor que «tierra helada», y el explorador esperaba que así otros viajeros se animarían a instalarse allí con él. Parece que la idea funcionó bastante bien, porque los vikingos ocuparon parte de la isla durante más de cuatrocientos años.

Pero se debieron de llevar una desilusión al llegar...

La hazaña de Erik el Rojo ya resulta sorprendente: Groenlandia está lejísimos de Escandinavia, sobre todo si tenemos en cuenta que los vikingos no disponían de brújulas ni tecnología avanzada para navegar. Entonces ¿es posible que llegaran incluso más lejos? Si hacemos caso de las leyendas, la respuesta es que sí.

En las sagas también se cuenta que, alrededor del año 985, un comerciante se dirigía hacia el campamento de Erik el Rojo en Groenlandia cuando su barco se encontró con una gran tormenta. Empujado por los fuertísimos vientos, el barco se desvió centenares de kilómetros de su ruta, y así fue que, por pura casualidad, fue a parar a una tierra extraña. Al enterarse, los hijos de Erik el Rojo decidieron explorar aquellos misteriosos territorios, que llamaron Helluland, Markland y Vinland. Leif Eriksson, el hijo mediano de Erik, fue el primero en lanzarse a la aventura y se dirigió hacia Vinlandia.

Que era la tierra que quedaba más al sur de esos territorios «descubiertos» por el comerciante. Allí montó un campamento provisional y pasó todo un invierno, hacia el año 1001 d.C., antes de regresar a Groenlandia.

Pero los vikingos no se conformaron con eso, y, tres años después, Thorvald, el menor de los hijos de Erik, salió hacia el mismo campamento que había fundado su hermano Leif. En aquella ocasión el viaje a Vinlandia fue de lo más accidentado, y Thorvald y sus compañeros se enfrentaron con un grupo de *skraelings,* es decir, «bárbaros». Algunos de los vikingos lograron escapar, pero Thorvald murió por culpa de sus heridas, y acabaron por enterrarlo allí mismo.

¿más bárbaros que ellos?

La cosa, pues, no prometía. Parece ser que los vikingos insistieron durante unos años más, pero llegar hasta Vinlandia era difícil, y cuando lo lograban, los indígenas de esas tierras los atacaban continuamente. Así que al cabo de un tiempo abandonaron las expediciones y ya no regresaron nunca más.

Normal. ¡Qué susto debieron de llevarse al ver aparecer en sus playas a toda aquella gente con barbas y hachas!

¿Pero a qué territorios se referían las sagas vikingas? Poco a poco, estas historias sobre las tierras desconocidas más allá de Groenlandia se convirtieron en poco más que una leyenda. O al menos lo fueron hasta el siglo XX.

La pista de que estos grandes viajes de los vikingos podían ser ciertos procede de un mapa que «apareció» en manos de un coleccionista a mediados del siglo pasado. En ese mapa (que, según se decía, estaba hecho a partir de mapas vikingos más antiguos) aparecían Europa, parte de África, la isla de Groenlandia... y luego, un poco más a la izquierda, otro trozo de tierra, llamada Vinlandia.

Al oeste de Groenlandia no existe ningún lugar llamado Vinlandia, pero sí uno llamado «América».

¡Incluso
siglos
antes que
Cristóbal
Colón!

Por supuesto, se armó un revuelo monumental, porque ¡eso significaría que los vikingos habían sido los primeros europeos en llegar a América! De todas formas, los estudiosos se dieron cuenta enseguida de que algunos detalles del mapa no encajaban. Por ejemplo, que el dibujo de Groenlandia era demasiado detallado para un mapa que en principio era del siglo xv. Además, cuando se hicieron análisis más serios, se descubrió que la tinta con que se había dibujado era seguramente moderna. Desde entonces, diversos equipos de investigadores se han dedicado a demostrar la autenticidad (o la falsedad) del «mapa de Vinlandia», pero todavía no se ha llegado a ninguna conclusión definitiva.

Pobres vikingos, nadie les daba el crédito que se merecían. Pero aunque parecía que todo había sido una falsa alarma, aún quedaban otros indicios que podrían confirmar que llegaron a América.

En 1960, pocos años después de que se «descubriera» el mapa de Vinlandia, en un lugar en la costa de Canadá llamado L'Anse aux Meadows, unos arqueólogos comenzaron a excavar un yacimiento arqueológico extraño. Más que extraño, a medida que aparecían más y más restos, los arqueólogos se dieron cuenta de que parecía vikingo. ¿Podría ser incluso aquel primer campamento que construyó Leif Eriksson? Si con esto quedara demostrado que los vikingos habían puesto los pies en América quinientos años antes que cualquier otro europeo, ya no importaría que el mapa de Vinlandia fuese falso…pero si lo era, ¿quién lo hizo? y ¿para qué?

¿TE APETECE PREPARAR
TU PROPIO DISCO SOLAR?

En 1948, un grupo de arqueólogos descubrieron un fragmento de un disco de madera con extrañas marcas en un monasterio en Groenlandia. Las marcas del disco no parecían arañazos naturales, sino que podían servir para controlar la posición del sol. Al parecer, los vikingos no solo eran grandes guerreros, también habían inventado una especie de brújula primitiva para ayudarse en sus viajes.

Para fabricar un disco solar vikingo necesitas:

- Una lámina de madera. O plástico, mientras sea duro y plano.

- Un clavo o chincheta.

- Lápiz.

- Luz del sol.

- Paciencia.

Recorta con cuidado la madera o el plástico hasta darle forma circular. Entonces coloca el clavo en el centro, de forma que la punta esté hacia arriba.

Pon tu brújula casera en un lugar soleado y a lo largo del día ve marcando por donde queda la sombra del clavo. Cuando tengas unas cuantas marcas, únelas con una línea: el punto donde la sombra pasa más cerca del clavo indica hacia donde está el Norte. Márcala con otra línea que vaya desde la base del clavo hasta ese punto. Si alguna vez te encuentras perdido en medio del mar, lo único que tendrás que hacer es sacar tu brújula solar, colocarla en un lugar plano y girarla hasta que la sombra toque la línea curva. Busca la segunda línea que marcaste, la que va del clavo hasta el punto donde la sombra queda más cerca: ese es el Norte.

¡Y ahora, a conquistar nuevas tierras!

EL DESCUBRIMIENTO DE TROYA

UN SUEÑO CONVERTIDO EN REALIDAD

La guerra de Troya, una de las más famosas de la Antigüedad, tuvo uno de los comienzos más absurdos de la historia: el príncipe Paris, que era troyano, se enamoró de Helena, que no solo era griega sino que además estaba casada con Menelao, el hermano del rey de la ciudad de Micenas. Sin pensárselo dos veces, Paris raptó a Helena y se la llevó a Troya con él. Como venganza, los griegos comenzaron esa terrible guerra que duró diez largos años.

Al final, los troyanos perdieron, pero no fue por falta de habilidad de sus guerreros, sino por un engaño: Ulises, el más listo de los héroes griegos, hizo construir un enorme caballo de madera y lo dejó a las puertas de la ciudad mientras los griegos fingían que se marchaban en sus barcos.

Los troyanos pensaron que el caballo era un regalo, símbolo de su victoria, así que lo introdujeron dentro de las murallas de la ciudad. Cuando descubrieron que el famoso caballo de Troya estaba lleno de soldados griegos, que por la noche salieron de dentro de la estatua, ya era demasiado tarde. Y ese fue el fin de la ciudad, que acabó quemada hasta los cimientos.

Esta historia la explica un poema llamado la *Ilíada*, de Homero, el primer gran poeta de la historia de Europa. ¿Pero era mera ficción, o existió en realidad la ciudad de Troya? Durante muchos siglos se pensó que la ciudad que describió Homero no había existido, hasta que un hombre llamado Heinrich Schliemann se entestó en demostrar lo contrario.

Schliemann, que además de alemán era multimillonario estaba obsesionado con la *Ilíada* y la guerra de Troya desde pequeño. Cuando era un niño, su familia era pobre, y Heinrich tuvo que ponerse a trabajar desde muy joven. Las cosas no le fueron mal: hizo de tendero, de marinero y finalmente acabó en una empresa que se dedicaba a exportar e

> Claro. Si tienes que pasar la vida buscando una ciudad perdida, ¡mejor no tener que trabajar!

importar mercancías en Rusia. En 1850 hizo una fortuna como comerciante de oro en Estados Unidos, aunque parece ser que los métodos que utilizaba no eran muy legales. En todo caso, hacia 1863 ya era tan rico que decidió retirarse del mundo de los negocios y dedicar el resto de vida a lo que había sido su sueño desde la infancia: encontrar Troya.

Estaba convencido de que Homero se había basado en hechos reales al escribir la *Ilíada*, y que la guerra había ocurrido de verdad, así que estudió historia antigua y arqueología para conocer más sobre el tema. Cuando ya estuvo preparado, lo dejó todo atrás, incluidos su mujer y sus hijos, y con toda su fortuna, que no era poca, puso rumbo a Turquía.

¿Su plan? Utilizar la *Ilíada* como guía para descubrir el lugar exacto donde se encontraba la mítica ciudad.

Ya en Turquía decidió que necesitaría un ayudante para echarle una mano en sus investigaciones. Como también acababa de divorciarse y era un hombre muy práctico, Schliemann decidió matar dos pájaros de un tiro: ¡hizo un casting para encontrar a alguien que fuera a la vez su mujer y el ayudante ideal! Al final conoció a una chica llamada Sofía, casi treinta años más joven que él, y después de estar comprometidos un tiempo récord de diecinueve días, se casaron. Ahora sí, Schliemann lo tenía todo. Solo le quedaba encontrar el lugar idóneo para comenzar las excavaciones.

Durante mucho tiempo la gente de la zona y también algunos arqueólogos habían aventurado que la antigua Troya podía estar enterrada bajo una ciudad llamada Pinarbasi, pero después de visitar el sitio, Schliemann no quedó muy convencido: la localización de la colina de Pinarbasi no coincidía con las descripciones de la *Ilíada* y, como recordaréis, Schliemann creía que todo lo que decía la *Ilíada* era cierto. Sin embargo, en poco tiempo tuvo un golpe de suerte al conocer a Frank Calvert, que era un diplomático estadounidense y arqueólogo aficionado.

Calvert decía que la verdadera Troya no estaba en Pinarbasi sino en una colina llamada Hisarlik, a unos pocos kilómetros de distancia. Calvert ya había intentado que el Museo Británico de Londres lo ayudara a pagar las excavaciones, pero nadie le había hecho caso. En cambio, Schliemann sí lo escuchó. ¿Iban a demostrar finalmente que la mítica ciudad había existido?

En 1870, comenzaron las excavaciones en la colina de Hisarlik... que en realidad no era una colina. Era lo que los arqueólogos llaman un *tell*. Para saber qué es un *tell* hay que imaginar una ciudad muy, muy antigua. Cuando esta ciudad tan, tan antigua queda destruida, se construye una nueva ciudad encima de los escombros de la primera. Y otra, y otra. Un *tell* es, en realidad, una ciudad encima de una ciudad encima de otra ciudad.

¡Qué desastre! Entre tantas ciudades quizá sí que Schliemann había encontrado Troya... ¿pero cuál era la buena?

Sin pensárselo demasiado siguió excavando. Se dice que Schliemann obligaba a sus obreros a trabajar hasta la extenuación, obsesionado como estaba con encontrar su Troya. ¡Dicen que incluso utilizó dinamita para ir más rápido! Con el paso de los meses hizo algunos descubrimientos interesantes, pero como creía que todavía no había llegado a la Troya que describía Homero, que según la *Ilíada* tenía unas grandes murallas y estaba repleta de tesoros, los ignoró.

Así pues, siguió excavando más y más hasta que finalmente... ¡oro! Ocho metros enterrado en la colina, Schliemann vio el brillo de algo metálico entre la tierra y las piedras. Para que nadie le quitara el descubrimiento les dio un descanso a sus obreros y se puso él mismo a hacer el trabajo duro. Cuando lo hubo desenterrado todo, tenía en las manos un enorme tesoro compuesto por monedas, vasijas y joyas. Schliemann no perdió el tiempo y lo bautizó como el «Tesoro de Príamo» quien, según la *Ilíada*, había sido el rey de esa Troya rica y fabulosa de Homero. Así pues, un tesoro tan espectacular ¡tenía que ser el de Príamo!

si no les dejaba descansar nunca, ¿no sospecharon nada?

¿Sabéis qué hizo justo después? Escapó. Temía que el gobierno turco le quitara el tesoro, así que huyó con él a Grecia. Como era de esperar, ¡los turcos lo denunciaron por robo!

Para volver a excavar en busca de Troya, Schliemann tendría que pagar una multa y devolver el tesoro, pero no es que le importara demasiado, porque ya tenía lo que quería y había demostrado que tenía razón, ¿verdad?

Más o menos.

Lo cierto es que Schliemann estaba obsesionado por su sueño, y en la época en que trabajó en la colina de Hisarlik la arqueología todavía no era una técnica muy desarrollada. De hecho, con el tiempo muchos arqueólogos le han lanzado críticas terribles. Primero, porque para llegar a «su» Troya abrió una trinchera tremenda en medio de las ruinas (los excavadores modernos todavía la llaman así, «la trinchera de Schliemann»), triturando todo lo que se encontró a su paso; y segundo... porque luego se supo que el tesoro no perteneció al rey Príamo. Arqueólogos mucho mejor preparados que él demostraron que ese «tesoro de Príamo» en realidad era casi mil años más antiguo de lo que debería, por lo que la ciudad que buscaba Schliemann estaba muchos metros por encima de donde se encontró el oro. ¿Así pues, existió Troya o no? Resulta que, en su obsesión por dar con esa ciudad legendaria y repleta de tesoros, Schliemann sí llegó a la verdadera Troya de la época de Homero pero... se la saltó. ¡Menudo fiasco!

Sin embargo, la jugada no le salió del todo mal: Schliemann al final demostró que al menos una parte de la leyenda era cierta y pasó a la historia como el descubridor de Troya. (¡Pero si fue Calvert quien le dio la pista!) No solo eso, sino que ¡también tiene el mérito de ser uno de los padres de la arqueología moderna!

MÁS LUGARES MITOLÓGICOS

Troya no es el único lugar sacado de la mitología que se ha descubierto. Varias décadas después, en el año 1900, un arqueólogo llamado Arthur Evans estaba excavando en la isla griega de Creta cuando encontró los restos de un impresionante palacio. Rápidamente, Evans supuso a quién había pertenecido: ¡al rey Minos! Según la leyenda griega, el rey Minos tenía un hijo monstruoso, el minotauro, que era mitad toro mitad hombre, al que mantenía encerrado en un laberinto. Por si fuera poco, el minotauro solo se alimentaba de carne humana, por lo que cada año el rey Minos encerraba en el laberinto a catorce desafortunados jóvenes para servir de comida al monstruo.

A pesar de que Evans jamás encontró el laberinto ni, desde luego, al minotauro devorador de personas, la civilización que desenterró acabó llamándose «minoica» en honor a la leyenda.

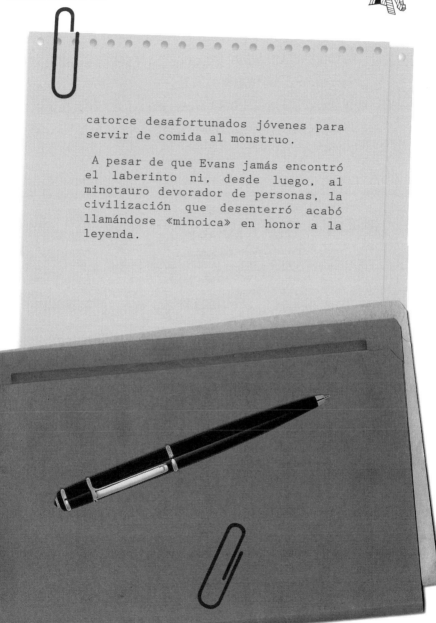

LAS PIRÁMIDES DE GIZA

UN MISTERIO DE CUATRO MIL QUINIENTOS AÑOS

En el mundo antiguo existían siete maravillas: el coloso de Rodas, el faro de Alejandría, los jardines colgantes de Babilonia, el mausoleo de Halicarnaso, la estatua de Zeus en Olimpia, el templo de Artemisa en Éfeso... Hoy en día, la única que queda en pie es la gran pirámide de Giza. Y también es la más antigua. De hecho las tres pirámides que hay en la llanura de Giza son tan antiguas que Cleopatra, la última reina egipcia, vivió más «cerca» de la invención de los smartphones que de la construcción de esas pirámides. En tiempos de Cleopatra ya eran monumentos viejísimos, tenían más de dos mil quinientos años, ¡mientras que solo faltaban dos mil para que aparecieran los teléfonos móviles!

En la actualidad, el lugar está lleno de turistas, la capa de losas pulidas que en la Antigüedad cubría las pirámides se ha perdido por culpa de terremotos y saqueos, y la ciudad de El Cairo, la capital de Egipto, ha crecido a su alrededor. Y a pesar de todo, siguen siendo tan impresionantes como el día que se edificaron: tres altísimas montañas en medio del desierto, tan grandes y antiguas que parece imposible que se mantengan en pie, y, desde hace milenios, ¡tan misteriosas! Hay pocos lugares del mundo que inspiren más preguntas que las pirámides: ¿cómo se construyeron? ¿Para qué servían?

La mayoría de investigadores han tratado de responder a estas preguntas examinando las pirámides, en cambio, en 1983 un escritor belga llamado Robert Bauval se dedicó a mirar hacia el cielo... y se dio cuenta de algo: las pirámides de Giza estaban colocadas de una forma que le recordaba a la posición de tres de las estrellas del cinturón de Orión, una de las constelaciones más visibles de nuestro cielo (la constelación representa a un cazador llamado Orión y el cinturón son precisamente las estrellas que le quedarían en la «cintura»). Además, Bauval pensó que el río Nilo, que pasa cerca de las pirámides, podría representar la Vía Láctea, mientras que la esfinge, que tiene cabeza humana y cuerpo de león, podría simbolizar otro grupo de estrellas: ¡la constelación de Leo!

Leo significa «león» en latín, ¿no?

Así pues, parecía que en realidad la llanura de Giza era un asombroso mapa gigante. No solo eso: se trataba de un mapa espacial.

¿Pero un mapa espacial para qué? O, más importante aún: ¿para quién?

En cuanto se descubrió esta conexión entre las pirámides y Orión, surgieron teorías para todos los gustos. Algunas hablaban de la Atlántida, ese continente habitado por una civilización avanzadísima que de un día para el otro se perdió en el fondo del mar. Según esta teoría, los atlantes supervivientes habrían llegado a Egipto y habrían ayudado a construir las pirámides. Otras propuestas hablan de visitantes de las propias estrellas, «astronautas antiguos» que según algunos investigadores de misterios sobrenaturales habrían visitado a nuestros antepasados hace miles de años ¿Acaso las pirámides servían para comunicarse con los extraterrestres? ¿Como una especie de anuncio gigante?

¿No tenían nada mejor que hacer que acumular piedras en medio del desierto?

El problema es que la teoría del cinturón de Orión no es del todo exacta. Primero, porque aunque las pirámides sí parecen alineadas con Orión... ¡están al revés! En la constelación, la estrella más pequeña y más alejada queda a la derecha de las tres. En cambio, en el caso de Giza, la pirámide más pequeña está a la izquierda. Para demostrar la teoría en su libro, Bauval se limitó a mostrar una foto invertida de las pirámides. ¡Y se quedó tan ancho!

Y segundo, las pirámides en realidad sí que están alineadas, pero no por el centro, ¡sino por la esquina! De este modo, si miramos las pirámides desde la ciudad de El Cairo, parecen mal colocadas porque son de tamaño distinto, así que la más pequeña da la sensación de que está separada del resto, pero un faraón egipcio no llegaría por tierra, sino en barco desde el río Nilo, y, desde el río, las pirámides aparecen colocadas siguiendo un orden perfecto.

Eso no quiere decir que los egipcios no tuvieran amplios conocimientos de las estrellas y de astronomía. Por ejemplo, al sur de Egipto existe un lugar llamado Abu Simbel, un impresionante templo excavado en la roca de una montaña. Allí, dos veces al año, coincidiendo con el comienzo del otoño y de la primavera, el sol del amanecer entraba por la puerta principal, atravesaba todo el santuario e iluminaba la cara de tres estatuas que estaban en la última sala dentro del templo... Pero dejaba en la sombra la cara de Seth, el dios del desierto y de la oscuridad.

Actualmente, el sol ya no entra en primavera y otoño dentro de Abu Simbel. No es que los constructores se equivocaran: en 1959 el templo (¡y la montaña entera en la que estaba excavado!) fue cortado en bloques y trasladado, porque estaba a punto de quedar inundado por el agua de un embalse. Por suerte, este efecto de la luz del sol todavía ocurre... pero un día más tarde.

No se puede descartar por completo que los constructores de las pirámides de Giza se fijaran en el cielo para inspirarse, pero parece bastante evidente que las pirámides no fueron erigidas para servir como mapas espaciales, sino que la función de estas construcciones era otra bien clara: se trataba de las tumbas de tres faraones egipcios: Kheops, su hijo Khefrén y Micerinos, el nieto de Kheops. Los faraones no solo eran los gobernantes de Egipto, sino que también eran considerados dioses, así que cuanto más espectacular fuera su tumba, ¡mejor!

¿Pero cómo lo hacían? ¿Cómo podían construir esos monumentos tan enormes sin la tecnología de que disponemos hoy en día?

Las pirámides no surgieron de la nada. Los primeros faraones se enterraban en mastabas, que tenían el aspecto de simples plataformas de piedra o de ladrillo. Poco a poco, a estas mastabas se les fueron añadiendo pisos más pequeños encima, y de eso a la pirámide solamente hay un paso. En realidad, para construir una pirámide solo se necesitan tres cosas: mucha gente, muchas piedras y mucha paciencia.

La gente era la parte fácil. En las películas suelen representarse centenares de pobres esclavos construyendo las pirámides mientras un capataz les da latigazos, pero lo cierto es que los constructores de las pirámides eran obreros especializados y muy bien valorados. De hecho, sobre la cámara en la que estaba la tumba del faraón Kheops se

encontró un grafiti en el que ponía «Amigos de Kheops».
Estos amigos de Kheops eran los obreros que dejaron su
marca en las piedras para recordar que habían ayudado en
la construcción de la pirámide. En realidad, ¡para cualquier
egipcio era un honor trabajar en la tumba de su faraón!

Si hubieran sido esclavos no habrían sido amigos de nadie, claro

Con respecto a las piedras, cerca de la llanura de Giza
existe todavía hoy una inmensa cantera, que es de donde
se extrajeron los miles de bloques de granito necesarios
para construir las pirámides. Para saber cómo eran capaces de mover pesos tan enormes, solo hay que ver una
pintura que se encontró en la tumba de un aristócrata
llamado Djehutihotep. Allí aparece una multitud de obreros tirando de una enorme estatua colocada... sobre un
trineo de madera. Resulta que los trineos se deslizaban
perfectamente bien sobre la arena del desierto.

¡vaya nombre!

Parece fácil, ¿verdad? Aunque claro, que fuera «fácil» no
quita que se tratara de un sistema muy ingenioso.

Una vez los obreros habían trasladado las piedras desde
la cantera, hacía falta construir la pirámide. Ciertamente
necesitaríamos una máquina del tiempo para saber hasta
el más mínimo detalle de cómo lo hacían, pero los arqueólogos tienen una idea bastante clara: rampas. Dentro de la

pirámide de Kefrén, el hijo de Kheops, se ha descubierto un túnel en espiral que va desde la base de la estructura hasta la cima, que seguramente sea lo que queda de esa antigua rampa interior. De esta manera, solo tenían que tirar de las piedras por estas largas rampas y colocarlas en su sitio.

Y una vez los egipcios tenían suficiente gente y piedras, lo único que les faltaba era armarse de paciencia, porque se calcula que se necesitaron veinte años para construir la gran pirámide de Kheops, pero valió la pena: veinte años de esfuerzo, cuatro mil quinientos de fama.

LA ESFINGE DE GIZA

Si las pirámides han fascinado desde hace siglos a los estudiosos, la enorme estatua con cabeza humana y cuerpo de león que todavía hoy protege la explanada de Giza, todavía más. A pesar de que la esfinge está frente a las pirámides, ¡no se sabe quién la construyó, ni por qué! Se supone que, como está frente a la pirámide del faraón Kefrén, le representa a él, pero no existe ningún texto antiguo que relacione una cosa con la otra. Lo único que sabemos sobre la esfinge es que hay una inscripción entre las patas de león. Se llama «la estela del sueño» y explica cómo el faraón Tutmosis IV, que vivió prácticamente mil años después de que se construyeran las pirámides, se quedó dormido a los pies de la estatua. Entonces, la esfinge se le apareció en sueños y le pidió a Tutmosis que la liberara de la arena que la cubría. El faraón no solo hizo eso, sino que dejó la inscripción para que todo el mundo recordara la historia.

Así pues, quizá el misterio de las pirámides quede resuelto, pero todavía queda por averiguar el origen de la esfinge.

LA MALDICIÓN DE LA MOMIA

TOP SECRET

O POR QUÉ NO ES BUENA IDEA MOLESTAR A LOS MUERTOS

4 de noviembre de 1922. En medio del calor sofocante del desierto egipcio, un hombre golpeó una puerta antiquísima con un martillo y un cincel. Poco a poco, hizo un agujero y a través de la diminuta abertura coló una mano con la que sostenía una vela. Dentro podían verse las sombras de dos estatuas que guardaban una segunda puerta oculta. El hombre del cincel se llamaba Howard Carter. Las personas que estaban con él preguntaron si podía ver algo, a lo que él respondió: «Sí. Cosas maravillosas».

Fue la primera persona en tres mil años en ver la tumba del faraón Tutankamón.

Gracias al descubrimiento de Carter, Tutankamón se convirtió en uno de los faraones más conocidos del mundo, a pesar de que en vida no hizo gran cosa. Subió al trono con solo nueve años y murió (algunos proponen que asesinado) con apenas diecinueve. De hecho, es muy probable que la tumba ni siquiera fuera suya en un primer momento: era demasiado pequeña, poco apropiada para un faraón, incluso para uno poco importante. Seguramente estaba destinada a alguien de menor categoría pero se tuvo que reaprovechar a toda prisa cuando el faraón murió de forma inesperada.

Los egipcios, y en especial sus reyes, estaban obsesionados con la muerte y creían que para vivir eternamente sus cuerpos tenían que conservarse. Es por eso que los egipcios se hacían momificar: el cadáver del difunto se sometía a un proceso que permitía que el cuerpo se mantuviera intacto durante miles de años. Parece que a los egipcios les gustaba mucho este sistema porque no solo momificaban a gente, también se han encontrado momias de gatos, pájaros ¡e incluso cocodrilos!

¡¿Para qué querrían un cocodrilo momificado?!

Pero claro, solo con el cuerpo conservado no hacían nada. Como faraones que eran, tenían que asegurarse poder seguir viviendo como reyes en la otra vida, por eso decoraban las tumbas con maravillosas pinturas y las llenaban de riquezas. Pensaban que así podrían disfrutar de sus pertenencias en el más allá.

Durante más de mil años los faraones se enterraron en pirámides, pero llegó un punto en que estas se dejaron de construir. Quizá los egipcios se dieron cuenta de que gastar tremendas fortunas en una tumba no era recomendable, o que una montaña de piedras de decenas de metros de altura no era una buena manera de mantener alejados a los saqueadores y buscadores de tesoros. Sea como fuere, los faraones comenzaron a construir tumbas subterráneas que quizá no eran tan impresionantes como las pirámides, pero que seguían llenando de tesoros.

¡Pues es muy buena idea! Si no tienes nada para entretenerte, la eternidad debe de ser aburridísima.

Así pues, si para los egipcios la única forma de estar bien en la otra vida era conservar bien tanto sus cuerpos como sus pertenencias, ¡ya podéis imaginar que los ladrones de tumbas eran una preocupación tremenda! Por eso, las pirámides tenían entradas falsas y las cámaras donde se guardaban las tumbas estaban selladas y escondidas, y por ese mismo motivo los faraones más tardíos empezaron a esconder sus tumbas bajo tierra. En algunas, por si acaso, también se inscribían maldiciones en las paredes que amenazaban con grandes desgracias a quien se atreviera a alterar el descanso eterno del faraón.

El problema para Howard Carter, el descubridor de la tumba de Tutankamón, era que para los antiguos egipcios seguramente sería difícil distinguir entre un ladrón de tumbas y un arqueólogo.

Hacía años que Howard Carter se dedicaba a excavar tumbas egipcias, pero siempre se las había encontrado vacías. A pesar de todo, Carter tenía fama de buen arqueólogo, así que a principios del siglo XX un millonario inglés, Lord Carnarvon, lo contrató para excavar en un lugar llamado «el Valle de los Reyes», cerca de la ciudad de Luxor, donde ya se habían encontrado numerosos enterramientos de faraones antes. Lo que Lord Carnarvon no sabía es que acabaría arrepintiéndose de ese encargo.

Durante los primeros años de investigaciones, Carter no descubrió nada de interés. Lord Carnarvon, que al fin y al cabo era quien aportaba todo el dinero, comenzó a impacientarse y en 1922 avisó a Carter de que si no encontraba algo pronto dejaría de financiar los trabajos de excavación. Entonces a Howard Carter se le ocurrió desmontar una vieja cabaña que había cerca de donde estaban excavando y... ¡tuvo suerte! Allí apareció un escalón de piedra medio enterrado. Era la entrada de una tumba. ←⎯⎯⎯⎯⎯⎯⎯⎯⎯⎯ ¿Y hasta entonces no se había dado cuenta?

El 26 de noviembre se reunió un grupo de curiosos en el Valle de los Reyes: Lord Carnarvon y su hija, amigos, conocidos, ayudantes... todos fueron testigos de cómo el arqueólogo abría la tumba recién descubierta y pronunciaba su famosa frase sobre las «cosas maravillosas» que veía en su interior. Carter pasó los meses siguientes estudiando únicamente la entrada de la tumba, sin llegar a la cámara donde se suponía que estaba enterrado el faraón. Al fin, en febrero de 1923, Carter y el resto de miembros de la expedición se adentraron en esa última sala.

Allí, además de la momia de Tutankamón encontraron tesoros inimaginables: carros de combate, tronos cubiertos de piedras preciosas, joyas, ¡incluso una máscara funeraria hecha de oro macizo! Pero eso no fue lo único que encontraron ahí...al parecer también fueron víctimas de una maldición.

Se dice que el mismo día que abrieron la tumba, una cobra entró en casa de Howard Carter, se coló en una jaula donde tenía un pequeño canario y lo devoró. Quizá es casualidad, pero la cobra era el símbolo de la familia real egipcia. Poco después comenzaron las muertes de personas: ¡Pobrecillo!

El primero fue Lord Carnarvon, el mismo que había financiado las excavaciones: cuatro meses y siete días después de abrir la tumba, murió de una picadura de mosquito que se le había infectado. Se dice que al mismo tiempo las luces de El Cairo, la capital de Egipto, se apagaron de golpe. ¿También fue a causa de la maldición? El apagón pudo deberse a que los cortes de electricidad en El Cairo de principios de siglo xx eran muy comunes, pero lo cierto es que si ambos hechos ocurrieron a la vez, resulta de lo más inquietante.

Más tarde, el 16 de mayo de 1923, George Jay Gould, a quien habían invitado a ver la apertura de la tumba, murió de fiebres. El príncipe Ali Kamel Fahmy Frey fue muerto a tiros por su esposa; los dos hermanastros de Lord Carnarvon, el coronel Audrey Herbert y Mervyn Herbert, también acabaron en sus propias tumbas antes de tiempo; el primero murió después de una operación médica que salió mal, y el otro seguramente de malaria. Sir Lee Stack, gobernador de Sudán: asesinado; A.C. Mace, miembro de la excavación, envenenado con arsénico; Richard Bethell, el secretario de Howard Carter, también fue envenenado en su cama.

Algunas de estas muertes ocurrieron justo después del descubrimiento de la tumba, pero otras sucedieron muchos años después y aun así se atribuyen a la maldición. De hecho, de las más de cincuenta personas que estuvieron presentes durante la apertura de la tumba solo murieron ocho, nueve si contamos a Howard Carter mismo, que murió de cáncer… casi diez años después.

¡Pero ocho de cincuenta siguen siendo muchísimos!

Entonces ¿existe una maldición de la momia?

Pues resulta que sí, aunque parece ser que no se trata de magia, sino de ciencia. La llamada «maldición de la momia» podría deberse a que los arqueólogos no solo encontraban tesoros dentro de las tumbas, sino también bacterias que habían permanecido encerradas durante miles de años. Al explorar las cámaras subterráneas, las bacterias les entraban en los pulmones o cortes de la piel, lo que acababa por causar la muerte a los pobres arqueólogos. O eso, o que los encantamientos de los antiguos egipcios surtían efecto. Si eran capaces de conservar sus cuerpos durante tantos años, puede que sus maldiciones también duraran siglos...

RECETA PARA HACER UNA MOMIA

Necesitas:

- Antiguo egipcio muerto (por lo menos uno).
Una varilla larga con un gancho en la punta (ya veréis para qué).
- Un cuchillo.
- Cuatro vasos canopes. Deben tener la tapa con forma de cabeza: una de babuino, un chacal, un halcón y un hombre.
- Natrón (el natrón es una especie de sal que se extraía en el desierto).
- Vendas de lino.
- Vino.
- Agua.
- Tiempo de preparación: 40 días.

Coloca la futura momia en una mesa y lávala bien con agua y vino.

Con un cuchillo afilado abre el abdomen y extrae los pulmones, el estómago, el hígado y los intestinos. Guárdalos en los vasos canopes.

¡Puaj!

En el hueco que has dejado, coloca bolsas de natrón, que ayuda a secar bien la momia.

Coge el gancho para el cerebro. Introduce el gancho a través de la nariz hasta el cerebro y remueve bien hasta que el puré de cerebro caiga por la nariz. Los egipcios creían que los pensamientos estaban en el corazón y no entendían para qué servía el cerebro, así que no pensaban que nadie lo fuera a necesitar en la otra vida.

¡Requetepuaj!

Cubre bien la futura momia con más natrón.

Espera cuarenta días. Pasado ese tiempo, limpia la momia y píntala con aceite para que la piel parezca bien fresca. Luego enróllala bien con las vendas de lino empapado con aceites y ungüentos, para conservar bien el cuerpo (¡y por el olor!) ¡Tu momia ya está lista!

CLASIFICADO

LA ALQUIMIA

ENTRE LA CIENCIA Y LA MAGIA

Se cuenta que hace siglos unos saqueadores de tumbas entraron en el cementerio de Jean Jaques de la Boucherie, en París, y comenzaron a cavar con la esperanza de encontrar dos tesoros: un libro y una piedra muy especial: la llamaban la piedra filosofal.

Ambos objetos estaban relacionados con una de las ciencias más misteriosas y secretas de la historia, que tenía una parte de medicina, otra de botánica, de filosofía, de religión y también un poco de magia: la alquimia. Era una actividad misteriosa que ya practicaban los antiguos egipcios, chinos, indios y árabes, y de hecho fue a través de estos últimos que la alquimia llegó a Europa a principios de la Edad Media.

El misterio que rodea la alquimia se debe a que no todo el mundo podía ser alquimista. No había escuelas, sino que los maestros alquimistas transmitían sus secretos a unos pocos estudiantes cada vez. En realidad, hoy en día apenas conocemos cómo funcionaba esta ciencia, porque para poder guardar mejor sus secretos la mayoría de libros sobre el tema estaban escritos de manera que solo los propios alquimistas podían entenderlos. Lo que sí se sabe es que creían que el mundo estaba formado por cuatro elementos principales: agua, aire, tierra y fuego, y que todos estaban relacionados, de modo que lo que afectaba a unos elementos también afectaba a los otros.

¡suena mejor que el cole!

En base a esta idea de que todo estaba conectado, los alquimistas trataban de comprender cómo funcionaba el mundo que los rodeaba. Pero su máxima ambición era descubrir la forma de crear una piedra mágica, la piedra filosofal, que permitía convertir el plomo en oro.

Un momento, un momento. ¿Esa no es la que sale en los libros de Harry Potter?

En los pocos textos que se han conservado de la época se dice cómo debía de ser esta piedra mágica: sería de color blanco si servía para convertir los metales en plata, o roja si servía para convertirlos en oro. Era una piedra con aspecto de cristal, inmune al fuego pero que se disolvía en agua. Además, a pesar de que los alquimistas guardaban celosamente sus secretos, tenemos algunas pistas sobre cómo se podía fabricar. Por lo general, se necesitaba un mineral llamado pirita o cualquier otro que tuviera mucho hierro, agua pura (si podía ser, agua de rocío) y una substancia llamada «ácido tartárico», un ácido que se extrae de las plantas. Todo esto se mezclaba, se calentaba, se purificaba y se transformaba múltiples veces hasta conseguir esa piedra maravillosa.

¿Es posible que alguien consiguiera crear una piedra como esa?

El primer alquimista europeo que lo intentó se llamaba Roger Bacon y además de alquimista era óptico, lingüista, físico y monje. Se sabe que probó a crear la piedra filosofal no solo para fabricar oro, sino que pensaba que también curaría a las personas ¡y las volvería inmortales! No parece que lo lograra, porque Bacon murió en 1294, *¡pues vaya!* pero escribió muchos libros que sirvieron a numerosos alquimistas después de él.

En aquella época, la mayor parte de los alquimistas eran monjes y sacerdotes cristianos, porque la gente que sabía leer y escribir eran los educados por la iglesia, pero llegó un punto en que las prácticas de los alquimistas, tan secretas y misteriosas, comenzaron a despertar alarma. Así pues, en 1317 el papa de Roma prohibió que los monjes y clérigos se dedicaran a la alquimia. Eso no hizo que se dejara de estudiar, pero sí que la alquimia se volviera más cerrada, cada vez más magia que ciencia.

A pesar de todo, algunos alquimistas llegaron a alcanzar la fama y la fortuna. De hecho, muchos personajes y científicos de la historia han sido alquimistas, como Tycho Brahe, que fue un astrónomo famoso, o incluso Isaac Newton, el científico que descubrió que existía la gravedad. También hubo gente poderosa como reyes y emperadores que se interesaron por la alquimia: se sabe que la reina Isabel I de Inglaterra tenía a un alquimista como consejero, y que el emperador alemán Rodolfo II convirtió la ciudad de Praga (República Checa), donde vivió gran parte de su vida, en la capital de la alquimia de Europa. Todavía hoy en Praga hay una calle llamada «la calle dorada» debido a las leyendas sobre esos científicos que podían convertir el plomo en oro.

Claro. Convertir cosas en oro y volverse inmortales, ¡quién no se interesaría!

¿Pero qué parte de ciencia y qué parte de superstición tiene toda esta historia? La verdad es que los experimentos y las teorías de los alquimistas son predecesoras de la química moderna, aunque en vez de usar métodos científicos se guiaban más bien por la filosofía, el simbolismo y la religión. Eso hizo que muchas veces el aprendiz de alquimista acabara arruinado, que sus experimentos fallaran estrepitosamente o incluso que lo acusaran de brujería. Aunque en su búsqueda de objetos mágicos ¡los alquimistas de vez en cuando se las apañaban para descubrir cosas! La mayoría de veces lo hicieron por casualidad, pero lo cierto es que mientras buscaban métodos para crear la piedra filosofal encontraron la forma de crear pólvora, mejoraron los procesos de refinado de metales, de curtido de pieles y fabricación de cerámica, que es distinto, pero más útil.

Sin embargo, hay leyendas sobre alquimistas que sí estuvieron cerca de hacer grandes descubrimientos. Por ejemplo, en el siglo XV vivió un personaje importantísimo para la alquimia: Paracelso. En realidad su nombre era Philippus Von Hohenheim, pero se hacía llamar Paracelso porque él mismo decía que era mejor que Celso, un famoso médico de época romana . Aunque él ← ¡qué humilde! se consideraba más un médico que un alquimista, escribió un libro titulado *De natura rerum*, donde explicaba el proceso no para crear oro, que era el objetivo de la mayoría de alquimistas, sino para crear vida. Según el libro había que introducir unos cuantos ingredientes como carbón, mercurio y pelo en un bote sellado, se dejaba enterrado en un montón de estiércol de caballo, y al cabo de unos días aparecería algo similar a un ser humano, pero más pequeño, al que denominaba «homúnculo».

Otro rumor afirma que un alquimista logró de verdad dar con la piedra filosofal. ¿Recordáis la anécdota del principio sobre unos saqueadores de tumbas? La tumba, de hecho, pertenecía a un alquimista llamado Nicolas Flamel y a su mujer. Según un libro que, al parecer, había escrito él mismo (aunque se publicó doscientos años después de su muerte), Flamel había comprado un misterioso libro de alquimia cuando todavía era joven; mientras lo estudiaba, al no entender nada, se sintió tan desanimado que se marchó de peregrinaje a Santiago de Compostela. Allí consultó a estudiosos y expertos y finalmente encontró a un sabio judío que le contó los secretos de la alquimia y le enseñó cómo descifrar el libro. A su regreso a París, se dice que fue capaz de crear la piedra filosofal, consiguió una gran fortuna (de hecho, se dice que la dedicó casi toda a obras de caridad) y también la vida eterna.

¡Sí! ¡Ellos también salen en los libros de Harry Potter!

Nicolas Flamel

Nadie sabe si lo logró de verdad o no, pero la leyenda acaba por contar que cuando los saqueadores se colaron en el cementerio para buscar el libro de alquimia y la piedra filosofal en las tumbas de Flamel y su mujer... se las encontraron vacías. Hoy en día las tumbas se han perdido, ¡pero todavía se conserva la lápida en el Museo de Cluny de París! Y, de hecho, la casa de Flamel todavía sigue en pie en la Rue de Montmorency, también en París.

Sea como sea, si Flamel consiguió la vida eterna y Paracelso su homúnculo, nunca se sabrá a ciencia cierta. Sin embargo, en el año 2013, ¡unos científicos por fin descubrieron cómo crear oro! Aunque no usaron ninguna piedra filosofal, sino bacterias que se alimentaban de un compuesto químico y como resultado producían pepitas de oro.

EL MANUSCRITO VOYNICH

TOP SECRET

EL LIBRO MÁS MISTERIOSO DEL MUNDO

El libro más misterioso del mundo es el manuscrito Voynich, que se llama así no por quién lo escribió, que es un misterio tan misterioso como el libro mismo, sino por un coleccionista llamado Wilfrid Voynich, que lo «descubrió» en 1912. Desde entonces, este manuscrito ha obsesionado a investigadores de todo el mundo.

Las menciones más antiguas sobre el libro lo sitúan en la ciudad de Praga durante el siglo XVI. Parece ser que el manuscrito había pertenecido a Rodolfo II, aquel emperador alemán aficionado a la alquimia, y durante años fue pasando por las manos de varios sabios y científicos de la ciudad.

El último de ellos fue un estudioso llamado Athanasius Kircher, quien decía que había logrado traducir los jeroglíficos egipcios (luego se descubrió que su traducción estaba equivocada. El lenguaje jeroglífico lo descifró finalmente el francés Jean-François Champollion al principio del siglo XIX). Al morir Kircher, todos sus libros, incluido el que protagoniza esta historia, acabaron en Roma, y allí se quedaron durante trescientos años hasta que Wilfrid Voynich los compró.

Nada más ver el libro que luego llevaría su nombre, Voynich se dio cuenta de que se trataba de un objeto extraordinario: estaba repleto de ilustraciones extrañas como plantas fantásticas, algunas de ellas con flores y hojas hechas con partes de animales, diagramas astronómicos y constelaciones. Algunas de las constelaciones se podían identificar con signos del zodíaco, pero el resto eran totalmente desconocidas. Incluso había una sección entera con dibujos de unas rarísimas piscinas donde había grupos de mujeres sentadas dentro del agua. Parte del libro también parecía contener algún tipo de recetario, con listas de ingredientes o instrucciones… pero no había manera de saberlo de cierto, porque el manuscrito no se podía leer. ¡No se podía leer porque estaba escrito en una caligrafía que nadie había visto jamás!

Pues sí que parece un libro raro…

Como es lógico, el descubrimiento del libro despertó mucho interés ¿Qué representaba? ¿De dónde había salido? ¿Quién lo había escrito?

Voynich se puso manos a la obra para tratar de responder a todas esas preguntas y estudió el libro durante años, pero sin éxito. El manuscrito fue examinado incluso por William Friedman, el criptógrafo más prestigioso del siglo XX (un criptógrafo es un experto en descifrar códigos secretos, como los que usan los espías). Friedman había sido capaz de descifrar los mensajes secretos del ejército japonés durante la Segunda Guerra Mundial, pero ni siquiera él pudo resolver el misterio. En realidad, en los más de cien años que han transcurrido desde que se descubrió el manuscrito, nadie ha conseguido revelar el secreto que se guarda entre sus páginas.

Después de tantos intentos fallidos, algunos investigadores llegaron a pensar que se podía tratar de un fraude. Se dijo incluso que el libro lo había podido elaborar el propio Voynich para luego venderlo por una fortuna. Con el fin de comprobarlo, se hicieron análisis de radiocarbono para fechar el manuscrito. El carbono es un elemento químico que se encuentra en todos los materiales orgánicos, como el pergamino. Resulta que con el paso de los años

pero si lo había falsificado él, ¿para qué se habría dedicado a estudiar el manuscrito durante años?

147

el carbono pierde uno de sus componentes, así que analizándolo se puede descubrir la antigüedad de un objeto. El problema para la teoría de que el manuscrito era un fraude fue que los análisis demostraron que el libro tenía por lo menos quinientos años de antigüedad.

¿Acaso un falsificador había encontrado más de doscientas páginas de pergamino medieval sin usar y lo había rellenado con texto y dibujos sin sentido? Es bastante improbable. En realidad, el mayor problema para la teoría del fraude es que el manuscrito ¡está demasiado bien hecho! No parece realista pensar que un falsificador (o varios, porque parece ser que el manuscrito lo escribió más de una persona) perdiera meses o incluso años con un solo libro inventado.

Una segunda pista puede indicar que el libro es auténtico: las letras no están puestas al azar, sino que forman «palabras», y estas palabras están distribuidas como ocurriría en cualquier idioma normal. Además, esa escritura misteriosa tiene incluso reglas ortográficas fijas: hay letras que se pueden duplicar, como nuestra doble ese o doble erre, y otras que no; y letras que aparecen distribuidas de una forma concreta, como nosotros cuando combinamos vocales con consonantes.

Así pues, si el texto no es un fraude, ¿cómo se lee? ¿Qué dice?

Durante la mayor parte del siglo XX, los investigadores propusieron que el manuscrito podría estar escrito en algún idioma europeo conocido, pero con un alfabeto cifrado para mantener el texto en secreto. ← ¿cómo hacen los espías?

Una segunda teoría dice que quizá el texto del manuscrito no significa nada por sí mismo, sino que la información estaría en ciertas palabras que luego habría que descifrar con una especie de «diccionario», que por desgracia hoy en día se ha perdido.

Y todavía más: puede que haya fragmentos de información oculta dentro del texto, como por ejemplo en la segunda palabra de cada línea, o en una letra de cada dos... Esta técnica se llama estenografía y ya se había inventado en la época que se escribió el manuscrito. Por ejemplo, la frase «hoy olvidé los abrigos» tiene un mensaje estenográfico oculto en la primera letra de cada palabra. ¿Sabéis cuál es?

¡Hoy Olvidé
Los Abrigos...
¡HOLA!

Por último, los investigadores proponen que el manuscrito Voynich está escrito en un lenguaje natural, es decir, un lenguaje real pero con un alfabeto inventado. ¿Quizá el autor hablaba una lengua europea hoy extinguida y utilizó un alfabeto de su propia invención? Algunos incluso proponen que se podría tratar de un idioma oriental, como el chino o el vietnamita. Algunas de las palabras del texto se repiten de una forma que es común en las lenguas orientales y entre las ilustraciones del manuscrito aparecen algunos calendarios con solo 360 días, igual que en el calendario chino. Desafortunadamente, esta última teoría no se ha podido demostrar más que las otras. ¡Otro callejón sin salida!

¿Y un lenguaje inventado? No solo las letras, sino ¡todo! No sería la primera vez que ocurre. A finales del siglo XX un médico polaco, el doctor Lázaro Zamenhof, inventó un idioma llamado esperanto con la intención de que se convirtiera en un lenguaje común para toda la humanidad. El invento no le funcionó, ¡pero todavía hoy en día hay asociaciones de hablantes de esperanto por todo el mundo!

¡y Tolkien se inventó el idioma de los elfos de El señor de los anillos!

Ninguna de estas teorías, por el momento, ha logrado resolver el misterio del manuscrito de Voynich, y hasta que no se pueda descifrar el texto no conoceremos el mayor misterio de todos: ¿quién lo escribió?

En la época medieval, había un grupo de gente bien conocido por sus investigaciones científicas y a la vez por su secretismo: los alquimistas. Tiene sentido. Las primeras noticias sobre el manuscrito lo sitúan en el siglo XVI en Praga, en la corte del emperador Rodolfo II, ¡que había sido aficionado a la alquimia! De hecho, junto con el manuscrito se encontró una carta de uno de sus antiguos propietarios y en ella se mencionaba que el libro lo había escrito Roger Bacon, el monje inglés que había sido, además de matemático, alquimista. Hoy en día la teoría de Roger Bacon está totalmente descartada; el manuscrito es por lo menos cien años más moderno que Bacon, pero la teoría de que se trata de un libro de alquimia sigue en pie.

En la actualidad, el manuscrito Voynich está en la biblioteca de la universidad norteamericana de Yale, pero las páginas escaneadas del libro están disponibles por internet, y hay una comunidad muy numerosa de investigadores que sigue estudiando el manuscrito hoy en día. Quizá, en un futuro, alguno de ellos logre descifrarlo.

CÓMO CREAR UN TEXTO CIFRADO

¡Hacer un texto cifrado es tremendamente útil! Puedes utilizar alfabetos inventados o antiguos (¿por qué no el alfabeto rúnico vikingo, o el alfabeto fenicio?) pero seguramente uno de los más sencillos y útiles es el que utilizaba Julio César, ¡el militar y general romano más grande de la historia! César ya cifraba sus cartas por si caían en manos del enemigo. Lo hacía de una forma muy sencilla que se llama el «cifrado césar» en honor a él. Necesitas:

- Una hoja de papel.

- Bolígrafo o rotulador.

- Tijeras.

Escribe las letras del alfabeto ordenadas en fila:

ABCDEFGHIJKLMNÑOPQRSTUVWXYZ

Ahora, elige cuántas casillas vas a «desplazar». Por ejemplo, vamos a hacer un código de cifrado desplazando tres letras. Escribe el alfabeto otra vez comenzando por la tercera letra:

DEFGHIJKLMNÑOPQRSTUVWXYZABC

Fíjate en que las tres primeras letras del alfabeto, A, B y C, quedan al final.

Ahora coloca los dos alfabetos juntos:

A B C D E F G H I J K L M N Ñ O P Q R S T U V W X Y Z

D E F G H I J K L M N Ñ O P Q R S T U V W X Y Z A B C

Ahora que tienes las dos tiras, ya puedes comenzar a escribir. Elige el mensaje que quieres cifrar, por ejemplo, «MENSAJE CIFRADO», pero en vez de escribirlo así, utiliza las letras del segundo alfabeto, las desordenadas. Así pues, «MENSAJE CIFRADO» sería «OHPVDMH FLIUDGR». Solo tú mismo u otra persona que sepa cuántas letras se han desplazado será capaz de descifrar tu código

¡¡¡FROR ORÑD!!!

[THIS PAGE IS UNCLASSIFIED]

CLASIFICADO

Alit volupta temporia cusa voluptae vit faccupt aspient rehenien
aces sitatur minctio nsedit plignat uritiuntiur? Elibus aliqui eus u
hictus as eumet facima dolupta temporia voloreicatur adit ut undesed
quidicab ipsaerupit explani hil_____ptas intempo rem
aut quam il eatia sus sin_____ nobitiu mquatia cus reptaturibus aut
exerchit. sam qui accum _____ton del ea qui officien-
diti officiis veliqu nt_____metur?
Aritatur, nimilluptam, _____
voluptatis a quaest. od_____
iliq_____atqu_____
Ignisquodis nonse rest___

Manuscrito Voynich

TOP SECRET

EL EVENTO DE TANGANIKA

LA ENFERMEDAD MÁS RARA DE LA HISTORIA

A todo el mundo le gusta reír. Se dice que reír espanta los males y según los médicos incluso alarga la vida. Menos cuando un ataque de risa te puede matar. Visto así ya no parece tan divertido, ¿no?

¿Que es imposible morirse de la risa? Vamos a ver:

30 de enero de 1962. En un internado para niñas en Kashasha, Tanganika (hoy, Tanzania) tres estudiantes se echaron a reír sin causa aparente y no eran capaces de parar. Al final del día más de la mitad de las alumnas de la escuela se habían contagiado de ese ataque de risa, que a algunas les duró... ¡dieciséis días seguidos!

Las estudiantes no se podían concentrar, y no había manera de impartir clases, así que visto el panorama la escuela tuvo que cerrar el 18 de marzo de ese año. Había un problema: ¿qué hacer con las niñas que dormían y vivían en la escuela? Las mandaron a sus casas.

¡Qué suerte!

Eso, a la larga, resultó ser muy mala idea. En cuanto las chicas llegaron a sus casas la epidemia de risa comenzó a contagiarse de persona a persona y de pueblo a pueblo, como una enfermedad. Los médicos estaban perplejos y no podían hacer nada para controlar la situación: en junio, los ataques de risa se habían extendido tanto que unas catorce escuelas tuvieron que cerrar y casi mil personas se contagiaron. Aunque por suerte nadie llegó a morirse de la risa, los afectados se quejaban de ataques de dolor, erupciones en la piel e incluso desmayos. La epidemia de risa continuó afectando la zona durante prácticamente un año y al final... se desvaneció tan misteriosamente como había comenzado.

Bueno, visto así no suena tan divertido...

¿De dónde provenía esa epidemia misteriosa? ¿Había desaparecido para siempre?

Unos años más tarde, otro de esos ataques estuvo a punto de tener consecuencias todavía más graves: en 1983 se extendió una epidemia de desmayos en Palestina. Otra vez los afectados eran jóvenes y estudiantes que se quejaban de dificultades al respirar y mareos. A pesar de las diferencias y de la distancia, parecía que se estaba repitiendo el fenómeno de Tanganika: casi mil personas tuvieron que ser hospitalizadas, y a lo largo de los meses que duró todo el episodio las escuelas de la zona tuvieron que cerrar. La situación se volvió todavía más peligrosa cuando el gobierno palestino acusó al país vecino, Israel, de haber lanzado algún gas venenoso al aire, así que, además de los desmayos, se desató el pánico y todo el asunto estuvo a punto de acabar en un conflicto entre los dos países. Igual que había ocurrido en Tanganika, esta sorprendente epidemia también desapareció por sí sola, y los médicos no lograron descubrir qué había provocado los ataques en un principio.

¡menudo caos!

Por muy extraños que puedan parecer los casos de Tanganika y Palestina, no son las únicas veces que ha ocurrido. En la Europa medieval existía una enfermedad llamada «el baile de San Vito», que hacía que la gente se echara a bailar frenéticamente sin causa aparente. Lo llamaban así porque se decía que muchas veces los afectados acababan curándose si entraban en iglesias o capillas dedicadas a san Vito. Gracias a eso, ¡hoy en día san Vito es el patrón de los bailarines! A veces, a esta enfermedad también se la llamaba «peste del baile».

Las primeras noticias sobre grupos que se echaban a bailar sin ninguna causa aparente se remontan a hace más de mil años. Si se tratara de un hecho aislado podríamos pensar que se trata de una exageración o una leyenda, pero más tarde, en el siglo XIII, la epidemia afectó a un grupo de niños en Alemania, que fueron cantando y bailando de una ciudad a otra. En la misma época y también en Alemania unas doscientas personas bailaron durante horas sobre un puente hasta que este se derrumbó, lo que causó decenas de muertos.

¡parece el cuento del flautista de Hamelin!

En realidad, toda la historia de la Europa medieval está salpicada de brotes de estas misteriosas «plagas de baile». El peor de todos estos episodios se llama, directamente, «la epidemia de baile de 1518». Al parecer, un buen día de julio de 1518 una mujer comenzó a bailar frenéticamente por las calles de la ciudad de Estrasburgo. Al cabo de una semana, se le habían unido unas treinta personas, y al cabo de un mes, ¡cuatrocientas! Lo peor es que los médicos y autoridades de la ciudad, pensando que los afectados bailaban para curarse de alguna enfermedad desconocida, llegaron a construir escenarios y contratar músicos para que acompañaran a los bailarines. No funcionó demasiado bien, porque según cuentan los textos de la época ¡algunas personas murieron de ataques de corazón o directamente de agotamiento!

¡como si fuera una fiesta!

¿Qué pudo provocar esas extrañas epidemias?

Según algunas leyendas, la culpable sería… una araña. No cualquier araña, sino la araña lobo, un tipo de tarántula que es la araña más grande de Europa.

¡Más que ganas de bailar, si ves una araña así lo que tienes son ganas de echar a correr!

Según se creía en el sur de Italia, la mordedura de esa tarántula podía provocar la locura o incluso la muerte, así que, cuando una persona sospechaba que la había mordido una tarántula, rápidamente se reunía a todo el pueblo, traían a unos cuantos músicos y todos comenzaban a bailar. Pensaban que así el afectado podía sudar el veneno y curarse. También existía la creencia de que las personas a quienes les había mordido la tarántula en algún momento de su vida podían recaer, así que acababan por unirse al baile, exactamente igual que en ese terrible «baile de San

Vito» y las pestes de baile de Francia. Hoy en día, en Italia todavía existe una tradición relacionada con este mito: la tarantela, una danza rápida que se suele bailar en grupo.

A pesar de que la tradición de la tarantela todavía está muy viva en Italia, queda claro que la mordedura de una araña no puede ser la responsable de todos estos episodios, de los ataques de baile, de risa, de los desmayos… pero los médicos e historiadores nunca se han puesto de acuerdo. Un sospechoso de provocar las plagas de baile de la Edad Media es el cornezuelo, un hongo que afectaba a los cultivos y que podría provocar alucinaciones. Sin embargo, por los textos de la época sabemos que a menudo estas plagas comenzaban con pocas personas y luego se iban contagiando, a veces de ciudad en ciudad.

Actualmente, la explicación que más se acepta es que la danza, los desmayos y los ataques de risa los provocara un caso de histeria colectiva. Puede parecer imposible, pero está demostrado que en grupos de gente sometidos a mucha presión o estrés, cuando un individuo sufre algún tipo de ataque de histeria (con síntomas como la risa, los desmayos o echarse a bailar de repente) los demás se acaban contagiando.

Bueno, sí es verdad que a veces la gente muy estresada da risa… ¿pero tanta?

¿Es posible que todo tenga una explicación tan sencilla?

Examinemos primero las «pestes de danza» medievales. Lo cierto es que, en general, el medievo fue terrible. No por nada se llama «la edad oscura»: fue una época de guerras continuas, de miedo y de plagas mucho más terribles que las de baile, como la peste negra, que en el siglo XIV mató a más de treinta millones de personas. Si existe una época para estar estresado, definitivamente era esa.

Lo mismo en el caso de Tanganika: el país se había independizado de Gran Bretaña apenas un par de semanas antes de los ataques de risa. Entre eso y la presión en la propia escuela, las estudiantes estaban bajo una tensión terrible. Respecto a los desmayos en Palestina, todavía es más claro: Palestina e Israel llevan en conflicto desde hace décadas. Se cree que la epidemia pudo empezar porque los estudiantes confundieron el olor de una alcantarilla cercana con gas venenoso. El propio miedo fue lo que los hizo enfermar, y luego la epidemia se extendió todavía más cuando la radio y la televisión comenzaron a alertar a la población sobre un posible ataque israelí.

¡ser estudiante es muy duro! ¡Es verdad!

Al final, parece que todos estos ataques son causados por lo mismo que hace que se nos contagie un bostezo... pero a lo bestia.

LA LEGIÓN
DE CRASO

TOP SECRET

TRAS LA PISTA DE LOS
ROMANOS PERDIDOS

¿Habéis oído alguna vez la expresión «craso error»? Normalmente se usa cuando alguien comete un error garrafal. Lo que no sabe tanta gente es que Craso es el nombre de una persona, y que uno de sus errores (el último que cometió en su vida) dio pie a uno de los misterios más sorprendentes de la Antigüedad.

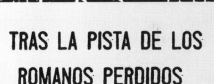

Marco Licinio Craso fue un aristócrata romano que vivió hace un poco más de dos mil años. Era un hombre de negocios astuto, un político habilidoso y un militar... bastante malo. Sobre el año 54 a.C., Craso, que era gobernador de la provincia romana de Siria, decidió hacer una expedición militar contra sus vecinos, el imperio parto.

Como ya podéis imaginar, a los partos no les hizo ninguna gracia ver como Craso y sus legiones invadían su territorio y le declararon la guerra. Poco después, en el año 53 a.C., ambos ejércitos se enfrentaron cerca de un lugar llamado Carras, en la actual Turquía. Los partos eran famosos por sus guerreros a caballo, que iban armados con arcos, y también por su táctica favorita, el «tiro parto»: fingían huir y, cuando los perseguían, los jinetes partos se giraban sin parar de galopar ni un momento y disparaban una lluvia de flechas sobre sus desprevenidos contrincantes. Pero los legionarios romanos no se quedaban cortos; eran muy disciplinados y fuertes, los mejores del mundo. La mayoría luchaban a pie y se protegían con sus escudos de tal forma que lo único que veían sus enemigos era un muro de planchas de madera y un montón de lanzas asomando. En el momento de comenzar la batalla, los romanos tenían todas las de ganar: las tropas de Craso contaban con casi cincuenta mil hombres mientras que los partos eran unos diez mil.

¡no se conquista un imperio como el romano con soldados mediocres!

Sin embargo, durante la batalla de Carras los partos tuvieron dos cosas a su favor: a sus jinetes... y a Craso. Siempre había sido un general más bien mediocre, pero en la batalla de Carras se superó a sí mismo. Colocó tan mal sus tropas que les costaba maniobrar contra la caballería parta, y tampoco hizo el menor caso a sus consejeros mientras sus legionarios eran masacrados a flechazos a lo largo de todo el día... Se calcula que en aquella batalla murieron más de veinte mil romanos y alrededor de diez mil fueron hechos prisioneros.

¿Y qué le ocurrió a Craso? Resulta que fue capturado por los partos, y como sabían que tenía fama de avaricioso, lo ejecutaron de una forma adecuada: obligándolo a beber oro fundido.

La gente en la Antigüedad era un poco bestia.

No fue hasta veinte años después que romanos y partos firmaron un tratado de paz. Cuando los romanos preguntaron por esos diez mil prisioneros, los partos dijeron que no tenían ni idea de dónde estaban. ¿Cómo pueden desaparecer diez mil hombres sin dejar ni rastro? Seguramente muchos ya habían muerto, pero ¿todos?

Hay una teoría muy interesante que dice que quizá estos soldados supervivientes acabaron... a siete mil kilómetros de Roma.

En 1955, un experto en cultura china dijo que había encontrado unos antiguos textos del año 36 a.C., es decir, unos diecisiete años después del error de Craso en la batalla de Carras. En estas crónicas chinas un general explicaba cómo, mientras atacaba una ciudad llamada Zhizhi, en el actual Uzbekistán, sus tropas se enfrentaron a un grupo de gente... extraña. Eran unos ciento cincuenta individuos que luchaban a pie y que se colocaban de una forma que parecían «las escamas de un pescado». Según el texto, ese general no había visto nada parecido en su vida.

¿Podría tratarse de los legionarios romanos perdidos? Al menos, esos textos chinos dan una pista muy interesante al hablar de esa formación como «escamas de pescado». Así luchaban los legionarios romanos, en aquella formación compacta y protegiéndose el frente, los lados y la cabeza con sus escudos. Los romanos lo llamaban *testudo*, que en latín significa «tortuga», pero, de hecho, si lo pensamos bien, también se parece bastante a las escamas de un pescado... Además, también se menciona que tenían un campamento de forma cuadrada y protegido por empalizadas de madera. Exactamente igual que los romanos.

Parece ser que estos extraños guerreros fueron derrotados y hechos prisioneros. Las crónicas dicen que después los trasladaron a un pequeño pueblo en la frontera del Imperio chino llamado Li-Jien.

Actualmente, Li-Jien es un yacimiento arqueológico, una antigua fortaleza olvidada, pero los documentos chinos de la época aseguran que estaba habitada por extranjeros. Otro detalle que resulta muy, muy sospechoso es el nombre de esa antigua fortaleza: Li-Jien es como llamaban los antiguos chinos a los imperios que quedaban al oeste de su territorio... incluido el Imperio romano.

Además, cerca del antiguo Li-Jien hay un pueblo llamado Liqian. Sus habitantes son más altos que los de ciudades vecinas, algunos son rubios, tienen la nariz aguileña, o los ojos verdes... (El color de ojos más raro del mundo es el verde. Solo lo tiene más o menos el 2% de la población del mundo, y la gran mayoría son de ascendencia europea. En el año 2005, científicos de la universidad china de Lanzhou

¡como los romanos!

analizaron la sangre de los habitantes de Liqian, y los resultados fueron realmente asombrosos, porque demostraban que más de la mitad de ellos tenían por lo menos parte de sus antepasados europeos.

¿Así pues, eso demuestra que más de dos mil años después hemos descubierto qué le ocurrió de verdad a la legión perdida de Craso?

Hay varios indicios que apuntan a que sí: están las crónicas chinas que cuentan la historia de esos soldados extranjeros que luchaban en formación de «escama de pez» y vivían campamentos cuadrados rodeados por una empalizada, y también el nombre del pueblo «Li-Jien» que se usaba para referirse al Imperio romano.

Sin embargo, estas pruebas no parecen ser suficientes. Son una suma de casualidades y pistas que parecen encajar bien entre ellas, pero también hay problemas. Por ejemplo, los habitantes actuales de la zona pueden tener un aspecto muy europeo, pero esta zona está muy cerca

de la Ruta de la Seda, una importantísima ruta comercial que iba desde China hasta Europa. Durante siglos pasaron por allí miles de comerciantes y viajeros que podrían explicar este origen «europeo» de los habitantes de Liqian. Finalmente, lo más preocupante es que las noticias sobre el encuentro del ejército chino con los posibles romanos ocurrieron diecisiete años después de perder la batalla de Carras. Si fuera cierto, los soldados supervivientes tendrían cerca de cuarenta años como mínimo, y hace dos mil años eso los convertía casi en ancianos. Aunque sabemos por textos de la época que los legionarios romanos, aunque fueran mayores, eran huesos duros de roer...

¡Los romanos decían que uno de sus legionarios valía por diez de sus enemigos!

Los arqueólogos opinan que la legión de Craso sigue, de momento, perdida. Hasta que no se haga una excavación arqueológica en Li-Jien y se encuentre una prueba irrefutable, como una moneda o un casco romanos, el paradero real de legión romana seguirá siendo un misterio misterioso...

LA OTRA LEGIÓN PERDIDA

La de Craso no es la única legión romana que desapareció de la faz de la tierra sin dejar rastro. En el siglo ii después de Cristo, la Legión IX Hispana, que había luchado durante años por todo el Imperio romano, fue enviada a Britania, la actual Gran Bretaña… y nunca más se supo de ella.

La teoría más popular es que los legionarios fueron al norte de la isla para enfrentarse a las tribus celtas que vivían en lo que actualmente es Escocia. Esos celtas eran tan peligrosos que el emperador Adriano hizo construir una muralla, el «muro de Adriano» que cruzaba Gran Bretaña de punta a punta para protegerse de ellos. Si estas tribus eran tan terribles como se decía, no es difícil de creer que acabaran con la IX Hispana en cuanto pusieron los pies por allí, pero eso es solamente una teoría.

CLASIFICADO

EL CALENDARIO MAYA

O DE CUANDO EL MUNDO TENÍA QUE ACABARSE... OTRA VEZ

21 de diciembre del año 2012. Los noticiarios de medio mundo, revistas y periódicos comenzaron a explicar que se acercaba el fin del mundo. Se hicieron películas y programas especiales de televisión pero nadie tenía muy claro cómo iba a ocurrir este desastre. Algunos decían que la rotación de la Tierra iba a invertirse, que habría erupciones volcánicas o que colapsarían los continentes, que nos freirían unas terribles erupciones solares... ¡cataclismo tras cataclismo! Los más imaginativos decían que un planeta invisible llamado Nibiru chocaría contra la Tierra...

Todo ese revuelo lo habían provocado, aunque parezca mentira, un grupo de arqueólogos de la Universidad de Boston en Estados Unidos. Al parecer, estos investigadores habían encontrado el calendario maya más antiguo documentado hasta la fecha, y cuando este descubrimiento salió la luz algunas personas se dieron cuenta, horrorizadas, de que según ese calendario, después del 21 de diciembre no había más días.

Pero ¿quién eran los mayas y cómo pudieron predecir el fin del mundo?

Los mayas vivieron en lo que hoy en día son los países de Guatemala, Honduras, El Salvador, Belice y México, y además de crear un gran imperio también consiguieron cosas extraordinarias: tenían un estado bien organizado, desarrollaron un tipo de escritura jeroglífica, el comercio y las artes. Construyeron palacios, ciudades y grandes pirámides, aunque al contrario de las de Egipto no eran tumbas, sino grandes templos con observatorios astronómicos en la cima… porque a los mayas les gustaba la astronomía, vaya si les gustaba.

Como para muchos otros pueblos antiguos, los astros eran parte central de la civilización maya, también desde el punto de vista religioso, y lo cierto es que los mayas llegaron a desarrollar unos conocimientos increíbles si tenemos en cuenta que no disponían de instrumentos complejos como los telescopios. Podían predecir con mucha precisión los eclipses, la llegada de cometas y otros fenómenos astronómicos, y crearon uno de los calendarios más exactos que existen. O más bien unos de los calendarios más exactos. Y es que los mayas tenían más de uno.

¿Para qué necesitaban más de uno?

El principal calendario maya era el llamado *haab*, que tenía dieciocho meses de veinte días cada uno, con cinco días extras cada año hasta sumar 365, como nosotros. Este era el calendario que usaba la gente «normal» y se basaba en el sol. También existía el calendario sagrado llamado *tzolkin*, que se utilizaba para las ceremonias religiosas, que tenía trece meses de veinte días. Además, los mayas agrupaban los años en conjuntos más grandes que llamaban «la cuenta larga». En la «cuenta larga» los mayas hacían grupos de veinte: cada veinte años era un *katun*, y veinte *katun* formaban un *baktun*. Igual que en el calendario sagrado, los *baktun* se agrupaban en conjuntos de trece que sumaban unos 1.872.000 días.

aaah, para eso

eso son unos 5200 años

Y ahí estaba el problema: según el calendario que encontraron los arqueólogos de Boston, el último de estos trece *baktun* había comenzado el 13 de agosto del 3114 a.C. y se iba a terminar el 21 de diciembre de 2012. Se desató la alarma, gracias a internet se hicieron populares las teorías sobre terremotos, erupciones solares y demás desastres pero... ¿predijeron de verdad los mayas el fin del mundo?

La verdad es que no. Para los mayas, cuando el 21 de diciembre de 2012 se terminara el último *baktun* de la cuenta larga... comenzaría otro desde cero. El calendario maya, al contrario que el nuestro, era cíclico y no lineal. Es decir, mientras que nosotros vamos añadiendo año tras año hasta el infinito, cuando los mayas llegaban al final de un grupo de años comenzaban de nuevo. ¿Verdad que nadie se asusta el 31 de diciembre porque sabemos que después viene el 1 de enero? Es solo un cambio de ciclo, o de año, con la única diferencia de que los nuestros son un poco más cortos que la cuenta larga maya.

¡Pobres mayas, en qué lío se habían metido!

De todas formas, esta no es la única vez que se ha predicho el final del mundo. En realidad, ya van unas cuantas. Todo cuenta: interpretaciones de libros religiosos, fenómenos astronómicos como alineaciones de planetas o llegadas de cometas, profecías... A continuación tenéis algunas de estas fechas en que el mundo estuvo a punto de acabar:

Junio de 1532. Unos veinte mil habitantes de la ciudad de Londres huyeron de sus casas porque un grupo de astrólogos habían predicho que el fin del mundo comenzaría... precisamente en Londres, con una gran inundación. Si bien es cierto que en Inglaterra llueve muy a menudo, no parece que aquel año se batiera ningún récord.

1910. Coincidiendo con el paso del Halley, un cometa que se acerca a la órbita de la Tierra cada setenta y cinco años, los astrónomos dijeron que la Tierra atravesaría parte de la estela del cometa. Rápidamente se extendió el rumor de que al pasar por esta estela la gente se ahogaría a causa de los gases venenosos. Muchos estaban aterrorizados, y otros decidieron aprovecharse y hacer negocio. Aquel año, por ejemplo, se batieron récords en la venta de máscaras antigás. Incluso hubo timadores espabilados que se dedicaron a fabricar «píldoras anticometa», que en la mayoría de los casos eran simples pastillas de azúcar. Se sabe que en Texas (Estados Unidos) dos de estos «vendedores» fueron arrestados por la policía, pero tuvieron que liberarlos cuando

¡qué morro!

una multitud de clientes enfurecidos se plantó frente a la comisaría para exigir que los soltaran. Al final, lo único que ocurrió es que aquel año el cometa Halley se vio especialmente bien en el cielo.

1999. Según Nostradamus, un apotecario francés del siglo XVI que publicó un libro con profecías y predicciones, el mundo acabaría terriblemente el año 1999, porque al dar la vuelta al número 1999 aparece 666, el número del diablo según la Biblia. Por desgracia (o suerte para nosotros) la relación 999-666 solo funciona con nuestros números, que tomamos prestados de los árabes. Los libros de la Biblia en los que se basó Nostradamus estaban originalmente escritos en griego, ¡y los griegos escribían los números de forma distinta!

¿Los griegos escribían los números con letras, como los romanos?

2000. El «efecto 2000» fue como una versión tecnológica del apocalipsis maya. Se decía que los ordenadores y sistemas informáticos de todo el mundo no estaban preparados para cambiar de milenio y que a las doce de la noche del 31 de diciembre de 1999 todo volvería... al año cero, y el mundo moderno se iría a pique. Las máquinas dejarían de funcionar, y la tierra se sumiría en el caos más absoluto. Informáticos de todo el mundo trabajaron a contrarreloj para evitar cualquier posible problema y pasado un minuto después de medianoche, el 1 de enero ya era el año 2000.

2014. Según los expertos de un canal de televisión, en 2014 se esperaba el Ragnarok vikingo. Según la mitología vikinga, el Ragnarok o «destino de los dioses» ocurriría cuando se librase una batalla final entre los dioses vikingos y los *jotun*, los gigantes... y los dioses pierdan. Seguramente habríamos visto una batalla de este calibre, especialmente la parte en que los dioses pelean contra gigantes y monstruos, y se hunde la tierra en el mar, así que podemos asumir que tampoco ocurrió.

Así pues, todavía nadie ha conseguido predecir acertadamente el fin del mundo, pero seguro que muchos seguirán intentándolo... Con un poco de suerte, ¡todavía queda mucho y no tenemos que preocuparnos!

ANASTASIA

TOP SECRET

LA PRINCESA QUE ESCAPÓ DE LA MUERTE

En el año 1920 una mujer llamada Anna Anderson amenazaba con tirarse de un puente en Berlín. Por suerte, la policía pudo detenerla a tiempo y acabó internada en una institución mental. Dos años después, la mujer asombró al mundo: decía que su nombre verdadero no era Anna Anderson, sino Anastasia Nikoláyevna.

Antes de continuar: esta historia es terrible y triste de verdad. Estáis avisados.

¿Quién era Anastasia Nikoláyevna? ¿Por qué era tan importante que hubiera sobrevivido? Quizá es más fácil saberlo si decimos su nombre completo: Anastasia Nikoláyevna Románova, Gran Duquesa, hija del zar Nicolás II de Rusia.

Tenemos que ir unos cien años atrás en el tiempo. El zar Nicolás y la zarina Alexandra tenían cuatro hijas: Olga, Tatiana, María y Anastasia, y un hijo, Alexei. El zar Nicolás era el gobernante absoluto de Rusia, pero a principios del siglo XX Rusia era un imperio en plena decadencia. Lo habitaban millones de campesinos y obreros pobres, la mayoría analfabetos, ¡y un puñado de aristócratas riquísimos!; el zar había decidido participar en la Primera Guerra Mundial, pero su ejército no dejaba de perder batallas; había hambrunas y también continuas revueltas. Eso, como podéis imaginar, era la receta perfecta para el desastre.

¡Pues sí!

Entonces en 1917 estalló la Revolución rusa. Los campesinos y los obreros que trabajaban en las fábricas se rebelaron, y comenzó una sangrienta guerra civil entre los partidarios de la revolución y los del zar. Al final, el zar Nicolás renunció al trono pensando que al menos así podría salvar a su familia, pero los revolucionarios los capturaron, y todos los Romanov, incluidos los niños, fueron encarcelados. Durante todo ese año la ex familia imperial fue trasladada por todo el país hasta que en 1918 los llevaron a la casa de un comerciante en la ciudad de Ekaterimburgo, que sería su última cárcel. La noche del 17 de julio un grupo de guardias despertaron a la familia Romanov y los llevaron al sótano del edificio. Les dijeron que iban a moverlos a un lugar más seguro, pero en vez de eso, los ejecutaron a todos... ¿o a casi todos?

Volvamos a la historia de Anna Anderson. ¿Cómo podía asegurar que ella era Anastasia, la hija del zar, si aparentemente había sido ejecutada tantos años atrás? ¿Era posible que hubiese podido escapar? Según Anderson, cuando los soldados dispararon contra toda la familia en aquel sótano de Ekaterimburgo, ella sobrevivió. Resulta que llevaba sus joyas cosidas en la ropa para evitar que se las robaran, así que el oro y las piedras preciosas actuaron como una especie de chaleco antibalas. Entonces fingió estar muerta, y después un soldado la ayudó a escapar.

La verdad es que Anna Anderson se parecía mucho a Anastasia, tenían exactamente la misma edad, y contaba detalles y anécdotas que difícilmente podría conocer nadie que no perteneciera a la familia Romanov. Algunas personas que habían conocido a Anastasia de niña creían que la historia era cierta; incluso la abuela materna de Anastasia, antes de morir, llegó a reconocer que quizá Anna Anderson era realmente su nieta. Por otro lado, otros parientes de la familia imperial rusa siempre la consideraron una impostora que solo perseguía la fama

porque entonces no había internet ni revistas del corazón

y sobre todo... dinero. Los Romanov habían dejado una fortuna repartida por bancos de medio mundo, así que ¡imaginad si al final resultaba que Anna Anderson era la auténtica hija del zar! Por supuesto, Anna siempre defendió su historia. Incluso trató de demostrarlo ante la justicia y de hecho el suyo fue (y todavía es) el juicio más largo que ha habido jamás en Europa, ¡duró casi cincuenta años! Al final Anna murió en 1984 sin que se hubiera podido confirmar si lo que decía era cierto o no. ¿Así pues, el misterio quedaría sin resolver para siempre?

Años después, cuando se desarrollaron lo suficiente las técnicas para hacer análisis de ADN, los investigadores vieron la oportunidad de resolver definitivamente el misterio. Se tomaron unos cuantos cabellos de Anna Anderson que se habían conservado y los científicos lo compararon con la sangre de parientes de los Romanov que todavía estuvieran vivos. Al final, los resultados no dejaban lugar a dudas: Anna Anderson no estaba emparentada con la familia Romanov. Con el tiempo se descubrió que su nombre real era Franziska Schankowska. Schankowska era originaria de Polonia y durante la Primera Guerra Mundial había sufrido un grave accidente mientras trabajaba en una fábrica. Desde entonces había padecido problemas mentales y finalmente desapareció... solo para reaparecer en aquel puente en Berlín en 1920.

A pesar de todo, los defensores de la historia de Anastasia no podían desanimarse. Ya en 1918 había rumores que apuntaban a que al menos alguno de los hijos del zar había podido escapar. Uno de estos indicios tenía relación con una princesa rusa llamada Helena Petrova, que estaba

casada con un primo lejano del zar. Petrova estuvo encarcelada en la ciudad de Perm durante la Revolución rusa y, al parecer, un día los guardias de la cárcel trajeron a una chica joven a su celda. Le preguntaron si se trataba de la hija del zar Nicolás, pero Petrova dijo que no era ella. ¿Por qué iban a preguntarle si Anastasia había muerto con el resto de su familia?

Por la misma época, media docena de testigos contaban cómo la policía había capturado a una chica herida que huía de una estación de tren también en Perm, que no está muy lejos de Ekaterimburgo. Algunos de los testigos llegaron a reconocer a Anastasia, incluso un médico que la trató de sus heridas después, dijo que la chica le había confesado: «Soy la hija del soberano, Anastasia».

Unos cuantos años después, un sastre austríaco que había vivido frente a la casa de Ekaterimburgo, explicó que la noche del 17 de julio, cuando asesinaron a los Romanov, había escuchado disparos y gritos justo antes de que una chica joven escapara corriendo de la casa. A la muchacha la atendió una mujer que vivía en la misma calle. El sastre dijo que había llegado a verla, viva aunque malherida, antes de que un soldado se la llevara.

Esto son un montón de testigos, ¿no? ¡Seguro que se salvó de verdad!

¿Es posible, pues? Según los documentos oficiales, no.

¡Nooo!

Después de que ocurriera todo, el policía que había ordenado las ejecuciones, que se llamaba Yákov Yurovsky, escribió un informe muy detallado sobre los acontecimientos de aquella noche. En el informe Yurovsky dejaba bien claro que ninguno de los Romanov había sobrevivido. Sin embargo, quienes defienden que alguna de las hijas del zar pudo salvarse, dicen que los cuerpos no habían estado vigilados constantemente, y puede que algunos soldados sintieran pena por Anastasia o alguna de sus hermanas y las ayudaran a escapar.

Mucho después, en 1991, el gobierno ruso dio permiso para buscar los restos de la familia Romanov. Al final, cerca de la casa de Ekaterimburgo se desenterraron siete cadáveres que correspondían al zar y su mujer, a las tres hijas Olga, Tatiana y María, dos sirvientes y el médico de confianza de la familia. ¡Faltaban dos! En aquella terrible fosa no se encontraron los cuerpos ni de Anastasia ni del hermano menor, Alexei. ¿Qué había ocurrido? ¡Quizá resulta que los testigos decían la verdad y los Romanov más jóvenes habían logrado escapar!

Hay que dejar, sin embargo, la última nota triste para el final: en 2007, en un bosque no muy lejos de donde se había encontrado la primera tumba, un grupo de investigadores descubrieron los restos quemados de dos personas más. Esos, por edad, correspondían a Anastasia y al pequeño Alexei. Así es como acaba finalmente uno de los mayores (y más tristes) misterios del siglo XX.

RASPUTÍN EL MONJE

Muchas veces, en las historias de la familia Romanov se menciona a Rasputín, un monje que vivía con la familia imperial rusa como médico y consejero. Se decía que tenía poderes, que podía hablar con los espíritus, y era el protegido de la zarina. Evidentemente, no a todo el mundo le gustaba ese hombre que decía y hacía cosas extrañas y tenía tanta influencia sobre la zarina. Al final un grupo de nobles y militares decidieron acabar de una vez por todas con el problema. Lo mandaron llamar y le dieron unos pastelitos envenenados con arsénico, lo apuñalaron, le dispararon y lo lanzaron al río Néva, que estaba helado. Cuando se le hizo la autopsia, ¡se descubrió que finalmente había muerto de frío! Hay que ser de una pasta muy dura.

Corre el rumor de que pocos años después se descubrió una carta que, según se decía, Rasputín había escrito antes de morir. En ella no solo predijo su propia muerte, sino también la Revolución rusa y la caída de la familia Romanov.

¡O si es verdad que tenía superpoderes!

LAS HERMANAS FOX

Y EL NACIMIENTO DEL ESPIRITISMO

En 1848, dos hermanas llamadas Kate y Margaret Fox vivían cerca de Nueva York en una casa que, según se rumoreaba, estaba encantada. Los ruidos son normales en las casas antiguas, especialmente por la noche... pero en la residencia de la familia Fox por las noches se escuchaban golpes violentos y sonidos de muebles arrastrándose.

A finales de marzo, la familia, aterrada, se preguntaba quién hacía ese estrépito tan terrible... ¿Ratones? ¿Los vecinos? ¡¿Fantasmas?! Dispuestas a averiguarlo, la noche del 31 de mayo una de las niñas decidió que sería más fácil, simplemente, preguntar. ¿Pero cómo podían comunicarse con ese misterioso ser?

Las hermanas comenzaron a dar palmadas y golpes en el suelo mientras le pedían al autor de los ruidos, fuera quien fuera, que las imitara. Inmediatamente los golpes y chasquidos se repitieron otra vez. Así idearon una forma para comunicarse con el aterrador inquilino de la casa, al que llamaban «Mr. Splitfoot» (o «señor pezuña partida», que es otro nombre que se usaba en aquella época para el diablo). El sistema consistía en que ellas hacían una pregunta, y un golpe como respuesta quería decir «no», y dos querían decir «sí». Preguntaron si estaban hablando con un espíritu. De repente, en algún lugar de la casa, sonaron dos golpes. Definitivamente, el misterioso autor de los ruidos era un fantasma.

A mí me pasa esto y me muero del susto.

La mayoría de personas huirían despavoridas, pero la familia Fox hizo lo contrario: no solo se quedaron en su casa encantada, sino que, además, invitaron a los vecinos para que presenciaran el espectáculo. Acababa de nacer el espiritismo y, con él, la creencia de que no solo había vida después de la muerte, sino que a veces estos espíritus podían comunicarse con los vivos.

Las hermanas Fox se convirtieron en médiums, es decir, personas capaces de hablar con los fantasmas. Eran celebridades conocidas por todo el mundo, incluso hicieron giras y dieron numerosas «sesiones» de contacto con los espíritus a las que asistían decenas, a veces centenares de personas. Rápidamente el espiritismo se puso de moda. Se fundaron «sociedades espiritistas» por todas partes y, al igual que Kate y Margaret Fox, decenas de personas afirmaron tener poderes para comunicarse con el más allá.

Claro que, a la vez, ¡muchos escépticos aseguraban que eso era imposible! Decían que a veces los espíritus daban respuestas equivocadas a las preguntas de sus familiares, y que lo más misterioso de las sesiones espiritistas era que nadie se daba cuenta de que los ruidos solo provenían de debajo o alrededor de las hermanas. O que, en realidad, solo había ruidos cuando nadie miraba a los pies de las médiums.

A pesar de todo, Kate y Margaret siguieron ganándose bastante bien la vida con sus sesiones de espiritismo en teatros y auditorios hasta que en 1888 las dos hermanas dieron una entrevista para un programa de radio en Nueva York. Allí, frente a más de dos mil espectadores, confesaron que sus «poderes» eran falsos. Dijeron que al principio los ruidos que se habían escuchado en su casa habían sido solo un juego. Las niñas habían atado una manzana a una cuerda y la arrastraban y la hacían rebotar por el suelo. Luego se habían inventado la historia del espíritu para seguir con la broma (de hecho, era 1 de abril, que en los países anglosajones es *April's Fool*, el día de los inocentes. En realidad, la mayor parte de los ruidos los hacían ellas mismas. Tras años de práctica habían aprendido a hacer crujir sus propias articulaciones para crear aquellos misteriosos sonidos y una de las hermanas lo demostró allí mismo, frente a la asombrada audiencia de la ópera de Nueva York. En cierta manera el espiritismo había nacido con las hermanas Fox, sí... pero en las puntas de los dedos de sus pies.

¡Claro! ¿Cómo es que nadie se dio cuenta?

De todas formas, a pesar de las declaraciones de las hermanas, el espiritismo no murió. Ni siquiera queda claro si las hermanas Fox decían la verdad o no, porque años después volvieron a afirmar que sus poderes para contactar con los espíritus eran verdaderos.

El esqueleto bajo la casa

En 1904 se publicó una última noticia relacionada con las hermanas Fox: tras un muro en el sótano de la casa donde vivieron de niñas, ¡aparecieron un montón de huesos! Se armó un revuelo monumental, porque según Kate y Margaret los misteriosos ruidos que las catapultaron a la fama los producía el espíritu de un tal Charles B. Rosna, que había muerto en la casa. ¿Pertenecían aquellos restos al pobre hombre? ¿O se trataba de una broma y alguien los había colocado allí? Parece ser que este es el caso: unos análisis hechos más tarde demostraron que la mayoría de huesos eran... ¡de pollo!

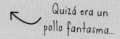

Quizá era un pollo fantasma...

¿Entonces, existe realmente una manera de contactar con los espíritus?

Una cosa es segura: quizá el espiritismo «moderno» nació con las hermanas Fox, pero en realidad la idea de que se puede hablar con el más allá no solo tiene un pasado muy antiguo, sino que también tiene un futuro brillante.

Las historias de fantasmas están más vivas que nunca. Cada año aparecen fotografías de supuestos fantasmas, y es difícil encontrar algún pueblo o ciudad que no tenga su casa encantada, aunque quizá estas sean de las más famosas:

La Torre de Londres. Con más de novecientos años de historia, esta fortaleza también se utilizaba como cárcel, y es de los lugares más encantados del mundo. Se dice que allí están, entre otros, el fantasma de Ana Bolena, la esposa del rey Enrique VIII de Inglaterra, que murió decapitada. Visitantes y trabajadores afirman que todavía se pasea por los pasillos de la torre. *¿con cabeza o sin ella?*

La isla de Poveglia (Italia). Esta diminuta isla cerca de Venecia lo tiene todo para ser un lugar aterrador: sirvió, en época medieval, como lugar de cuarentena para la peste negra (allí se mandaba a los que habían contraído la peste para que murieran). Siglos más tarde, se construyó un hospital psiquiátrico, y la leyenda dice que el médico al mando del sanatorio hacía terribles experimentos con sus pacientes. Hoy en día la isla está totalmente abandonada, pero los habitantes de la zona no se atreven a poner los pies allí. *Yo tampoco me atrevería.*

Catacumbas de París. Cuando en época moderna los cementerios de la ciudad quedaron llenos, se comenzaron a almacenar los muertos en galerías subterráneas. Se calcula que hay más de seis millones de personas enterradas bajo las calles de París. Hoy en día las catacumbas de París se pueden visitar, pero los turistas se quejan de que a veces sienten manos fantasmales tocándolos.

La mansión Wincester, en Estados Unidos. Oliver Winchester fue un vendedor de armas famosísimo en Estados Unidos. Su rifle Wincester fue una de las armas más populares del siglo XIX. Sin embargo, la familia Wincester siempre estuvo perseguida por la desgracia, y se decía que era culpa de los espíritus de los muertos que habían sido víctimas de sus armas. Para evitarlo, la viuda de Oliver Wincester se hizo construir una mansión llena de corredores ocultos, puertas que no llevaban a ninguna parte y ventanas falsas. Pensaba que así podría escapar de los espíritus, pero a pesar de todo, la mansión, que en la actualidad está abierta a los turistas, se considera un lugar encantado.

Playa de Changi, en Singapur. Fue un campo de prisioneros durante la Segunda Guerra Mundial, y hoy en día los bañistas dicen que se pueden escuchar los lamentos de los prisioneros. Incluso se cuenta que por las noches aparecen hoyos misteriosos en la arena que parecen tumbas.

Casa de las caras de Belmez. Seguramente es el lugar encantado más famoso de España. Hace unos cuarenta años, en Belmez de la Frontera, provincia de Jaén, una mujer dijo que en el suelo de la cocina de su casa había aparecido una cara fantasmagórica. Con los años, más y más caras fueron apareciendo. Lo más extraño de todo es que ¡cambiaban de forma con el tiempo!

Así pues, las historias de fantasmas y lugares encantados no son para nada nuevos. De hecho, Plinio el Joven, un escritor romano que vivió hace unos dos mil años, contó una historia de fantasmas: según Plinio existía una casa en la ciudad de Atenas que tenía mala fama, ya que por la noche se escuchaban lamentos y entrechocar de cadenas, y a veces se aparecía el espectro de un anciano atado con cadenas en pies y manos. Poco después, un filósofo llamado Atenodor, extrañado, se acercó a la casa. Marcó el lugar donde se aparecía el espectro y mandó que se excavara un hoyo. Allí, bajo la casa, se encontraron el esqueleto del hombre encadenado. Cuenta Plinio que el filósofo mandó enterrar los huesos en un cementerio, y que el espíritu no se volvió a aparecer jamás…

EL RAYO DE LA MUERTE

TOP SECRET

O LOS INVENTOS
DE TESLA

Alrededor del año 1898, un terremoto sacudió la ciudad de Nueva York. De repente los edificios comenzaron a tambalearse, las ventanas se rompían y la gente salía despavorida de sus casas.

Al mismo tiempo, un grupo de policías entraron en el laboratorio de un inventor llamado Nikola Tesla justo a tiempo para ver como este aplastaba con un martillo un extraño aparato que estaba acoplado a una de las vigas del edificio. El terremoto se detuvo inmediatamente.

La terrible máquina que provocaba terremotos era tan pequeña que le cabía en el bolsillo pero, según Tesla, con una más grande y más potente ¡habría sido capaz de partir la tierra en dos! Hace unos años, un programa de televisión trató de reconstruir la máquina de terremotos de Tesla. No consiguieron efectos tan espectaculares, pero sí lograron hacer que con solo una pequeña vibración se tambaleara un puente entero.

Tesla fue, sin ninguna duda, uno de los inventores más importantes de la historia. No solo creó máquinas que cambiaron el mundo sino que, además, su vida fue tan excéntrica que parte de ella se ha convertido casi en una leyenda. Pero el misterio más grande alrededor de Tesla es a propósito de uno de sus inventos: se dice que trabajó en una especie de «rayo de la muerte» capaz de lanzar partículas a grandes distancias. Tesla llegó a negociar con varios gobiernos para que le financiaran esta terrible máquina que sería capaz de destruir ejércitos y aviones a distancia, pero sin éxito. ¿Es posible que Tesla llegara a construir ese invento terrorífico?

Ya desde que era un niño todo el mundo tenía claro que era Tesla era un pequeño genio, así que cuando terminó sus estudios de secundaria y se trasladó a Austria para estudiar ingeniería en la universidad, nadie se sorprendió de que fuera un estudiante más que excelente. De hecho, ¡el primer año hizo el doble de asignaturas de las que necesitaba para completar el curso! A pesar de ← ello, no todo era fácil para él: tuvo problemas con sus profesores y con su padre, que no estaba contento con que se dedicara a la ingeniería; perdió la beca que tenía para estudiar y se gastó todos sus ahorros en casinos y partidas de cartas. Claro que, como Tesla era un genio, volvió a recuperar el dinero en poco tiempo, pero ya no volvió a estudiar. Durante un tiempo se ganó la vida como pudo, con la intención de ahorrar suficiente para cumplir su sueño: emigrar a América.

¿¡Por qué nadie querría hacer eso?!

Por aquel entonces, a principios del siglo XX, estaba en auge lo que se llama la «Segunda Revolución Industrial». La energía a vapor, que había sido clave para desarrollar la industria y las comunicaciones, poco a poco se estaba substituyendo por la electricidad. Tesla llegó a Estados Unidos en 1882 dispuesto a participar en aquella nueva revolución que iba a cambiar el mundo y encontró trabajo en la empresa de Thomas Edison, ¡el mismo Thomas Edison que pasó a la historia por haber inventado la bombilla y por ser un pionero en el uso de la energía eléctrica!

Sin embargo, pronto surgieron problemas entre Tesla y Edison. Parece ser que cuando lo contrató, Edison le prometió cincuenta mil dólares si conseguía mejorar la forma en que se transmitía la electricidad. Igual que hizo durante el resto de su vida, Tesla trabajó duro en el proyecto hasta que consiguió su objetivo, pero cuando fue a reclamarle su recompensa a Edison, este sonrió y le dijo ¡que el dinero se lo había prometido en broma!

Pues menudo sentido del humor tenía Edison, ¿no? Qué morro.

Tesla, enfadadísimo, dejó el trabajo y fundó su propia empresa. Durante unos cuantos años compitió con su antiguo jefe sobre cuál era la mejor manera de generar y trasladar la energía eléctrica: Edison apostaba por el método que había inventado él mismo, pero era muy poco eficaz, mientras que Tesla, por supuesto, defendía su sistema, que era tan potente que de hecho algunas personas incluso afirmaban que había peligro de electrocutarse si alguien lo usaba. Por suerte, al final las tesis de Tesla acabaron por imponerse, y en 1896 construyó la primera central hidroeléctrica en las cataratas del Niágara. Gracias a ella, la luz inundó las ciudades de Estados Unidos.

Con la llegada del siglo XX, Tesla se trasladó de Nueva York a Colorado Springs, una ciudad en el centro de Estados Unidos. Igual que había sucedido en Nueva York con la «máquina de terremotos», una multitud de sucesos extraños comenzaron a sembrar el pánico en la ciudad: a menudo se podía ver el laboratorio de Tesla rodeado de una tenue luz azulada, bombillas a centenares de metros de distancia se encendían solas y potentes tormentas eléctricas surgían del tejado del edificio.

A pesar de que todos estos fenómenos parecen más propios de una historia de terror, el verdadero objetivo de Tesla era encontrar una forma de transmitir energía sin necesidad de cables. Creía que se podía extraer electricidad directamente de la atmósfera y luego utilizar la tierra para conducir no solo electricidad sino también imágenes, sonidos... ¡Tesla estaba imaginando el mundo en que vivimos hoy con cien años de antelación! Al mismo tiempo, ocurrió algo todavía más asombroso: Tesla dijo que durante sus experimentos había captado una transmisión, tres golpes que se repetían rítmicamente. Enseguida asumió que aquel mensaje no provenía de la tierra, ¡sino del espacio!

Por supuesto, esto ayudó a incrementar su fama de científico loco. La cosa fue a peor cuando en una ocasión, uno de sus experimentos destruyó la central eléctrica de Colorado Springs y dejó toda la zona sin luz unos cuantos días. Tesla arregló el estropicio, pero la compañía eléctrica

¡qué fuerte!

le hizo saber que no iban a proporcionarle más energía para su trabajo. Por culpa de este incidente Tesla tuvo que regresar a Nueva York para continuar sus investigaciones. Llegó a construir una enorme torre que, según él, sería el prototipo para su sistema de transmisión de energía, pero el proyecto se quedó sin financiación y no se pudo terminar jamás.

Quién sabe qué hubiera ocurrido si Tesla hubiera conseguido su objetivo. Quizá hoy en día tendríamos una fuente de energía limpia y gratuita para todo el mundo.

¡Pues sí! Qué pena que todo le fuera siempre tan mal...

A partir de entonces, Tesla tuvo cada vez más deudas y menos trabajo, y eso que le ofrecieron el premio Nobel de física no una, sino ¡dos veces! Pero en ambas ocasiones lo rechazó; primero, porque antes que él lo había ganado el inventor Guillermo Marconi por inventar la radio, y durante toda su vida Tesla dijo que Marconi había inventado la radio basándose en sus patentes*; y segundo, porque habría tenido que compartirlo con Edison. Poco a poco, el gran científico se convirtió casi en una curiosidad. Se volvió excéntrico y obsesivo, y sus investigaciones cada vez más extrañas: se dice que hasta trabajó en el prototipo de un coche volador.

creo que al final le reconocieron el mérito de ser el verdadero inventor de la radio. ¡Algo es algo!

¿Pero qué fue del «rayo de la muerte»? ¿Era simplemente una leyenda? ¿Inventó Tesla un arma capaz de destruir ejércitos enteros? Hay un rumor muy curioso sobre el tema. Por la época en que Tesla estaba experimentando con su «rayo de la muerte», ocurrió algo llamado «el evento de Tunguska». En 1908 se pudo oír un gran estallido en una zona desierta de la tundra de Siberia. Cuando los primeros curiosos se acercaron, se encontraron con kilómetros de árboles devastados por una explosión terrible. Se dijo que podría ser un meteorito, pero no

había cráter, ni nada. Hay quien dice que la explosión de Tunguska en realidad la causó Tesla con uno de sus experimentos, porque da la casualidad de que justo el día en que ocurrió, Tesla dijo que intentaría comunicarse con un conocido suyo que estaba haciendo una expedición en el Ártico*. ¿Podría ser que ese rayo de la muerte hubiera *¡qué pasada!* funcionado de verdad?

Unos años después asistió a un banquete en su honor, y los presentes le preguntaron, casi en broma, sobre ese «rayo de la muerte». Tesla les respondió, muy serio, que el rayo de la muerte no era solo un experimento sino que lo que había construido funcionaba, pero pocos lo creyeron.

Durante los últimos años de su vida, Tesla sobrevivió gracias a unos pocos ahorros y a la caridad de algunos de sus amigos, que le pagaban una habitación de hotel en Nueva York. Seguía trabajando en sus proyectos y cada día iba a dar de comer a las palomas de un parque cercano. Murió en 1943 en su habitación de hotel. Le sobrevivieron centenares de inventos: la corriente eléctrica alterna, el control remoto, la radio… que sentaron las bases para el mundo tal y como lo conocemos hoy en día, y la leyenda sobre su máquina más legendaria: el rayo de la muerte. Nunca se han confirmado los rumores sobre si lo inventó o no, pero resulta que después de que Tesla falleciera, la policía norteamericana requisó todos los papeles que encontraron en su laboratorio, preocupados por que pudiera haber algo peligroso. Parece ser que encontraron una caja donde ponía «RAYO DE LA MUERTE», pero estaba vacía.

Tesla no es el único científico que inventó un «rayo de la muerte». En el siglo xx, un científico español que vivía en Estados Unidos, Antonio Longoria, también inventó una máquina tan peligrosa como la de Tesla. Mientras investigaba sobre un posible tratamiento del cáncer con radiaciones de alta frecuencia, el científico español inventó por casualidad un rayo que era capaz de hacer que palomas al vuelo cayesen muertas al instante por la acción de una máquina situada a una distancia de más de seis kilómetros. Longoria, que era pacifista, declaró haber destruido su letal máquina por el bien de la humanidad, y parece que fue así porque no tenemos noticia de que su «rayo de la muerte» se haya empleado todavía. Aun así, en su lápida está inscrito un epitafio bastante enigmático: «¡Dijeron que no se podía hacer! Él lo hizo».

LA CÁMARA DE ÁMBAR

EL TESORO PERDIDO DE LA SEGUNDA GUERRA MUNDIAL

En el año 1997, la policía alemana detuvo a un individuo que tenía en su casa un mosaico hecho de piedras semipreciosas. El pobre hombre no entendía nada: aquel mosaico había estado colgado durante años en su casa, desde que su padre lo trajo de Rusia como recuerdo durante la Segunda Guerra Mundial.

Lo que no sabía el hombre era que aquel «recuerdo» valía millones: se trataba de un fragmento de la Cámara de Ámbar, o lo que es lo mismo, uno de los tesoros perdidos más famosos de la historia.

A la Cámara de Ámbar también la llamaban «la octava maravilla del mundo» o «la joya más grande del mundo», y se encontraba en un palacio cerca de la ciudad de San Petersburgo. Como bien indica su nombre, la sala estaba decorada con decenas de paneles de ámbar, un material que no es realmente una piedra, sino resina prehistórica fosilizada de un maravilloso color dorado. La cámara había sido un regalo del emperador Federico Guillermo I de Prusia (Prusia era una parte de lo que hoy en día es Alemania) al zar Pedro el Grande de Rusia.

Esta enorme y preciosa joya lo sobrevivió todo: tuvo que ser desmontada pieza a pieza y trasladada de Berlín a San Petersburgo, se salvó de varias guerras e incluso de la revolución de 1917 que acabó con la familia imperial rusa. Pero no pudo con la Segunda Guerra Mundial. ¿Desapareció entonces? ¿Qué le pasó?

¡Anastasia!

La Segunda Guerra Mundial fue el mayor conflicto armado que ha habido jamás. Enfrentó a decenas de países y murieron alrededor de sesenta millones de personas. Algunas de las batallas más impresionantes, duraderas y terribles de la guerra enfrentaron a Rusia contra la Alemania nazi. Además de ganar, claro, uno de

¡por eso la llaman mundial!

los objetivos del III Reich (así se llamaban a sí mismos los nazis) era recuperar el esplendor perdido de Alemania, así que la Cámara de Ámbar estuvo en su punto de mira desde el principio. Al comienzo de la guerra la Cámara de Ámbar estuvo a salvo, los frentes de batalla quedaban todavía muy lejos, pero en 1941, los nazis estaban ganando la guerra y se acercaban a toda velocidad a San Petersburgo y, por lo tanto, también se acercaban al palacio de los zares y a los maravillosos tesoros que se guardaban allí. Los rusos, visto que el enemigo se les echaba encima, se dispusieron a trasladar todo lo que podían. Sin embargo, cuando intentaron desmontar la cámara se dieron cuenta de que con los años los paneles de ámbar se habían vuelto quebradizos y frágiles. Menudo dilema. ¿Se atrevían a mover el monumento a pesar del riesgo de destruirlo o lo dejaban atrás, a merced de los nazis?

Al final, se decidieron por una solución de emergencia: cubrieron toda la sala con papel pintado y algodón con la esperanza de que sus enemigos no la encontrarían, pero fracasaron estrepitosamente. Cuando los nazis ocuparon el palacio, sabían exactamente qué buscaban y dónde encontrarlo. En treinta y seis horas trocearon los paneles de ámbar, los metieron en cajas y los mandaron de vuelta a Alemania. ¡¿a ellos no les importaba que se estropearan!?

El tesoro acabó en el castillo de Königsberg (hoy en día la ciudad se llama Kaliningrado y forma parte de Rusia). Allí se montó una exposición con todo lo que los nazis habían «recuperado» de Rusia, y la Cámara de Ámbar ¡robado! fue la atracción principal de ese museo improvisado durante dos años. Hasta que los nazis comenzaron a perder.

Hacia el año 1944, el III Reich estaba rodeado de enemigos, había perdido miles de soldados y estaba económicamente hundido. Al mismo tiempo, el Ejército Rojo ruso ganaba terreno a pasos agigantados. Ocurrió a la inversa que en San Petersburgo: entonces les tocó huir a los nazis. ¿Y qué pasó con la cámara? Se sabe que metieron los paneles de ámbar en cajas para llevárselos, pero no les dio tiempo. Antes de que pudieran escapar, Königsberg sufrió terribles bombardeos y el castillo quedó convertido en un montón de escombros.

Oficialmente, la Cámara de Ámbar, aquella «octava maravilla del mundo», quedó totalmente destruida, pero entonces ¿de dónde salió aquel fragmento recuperado en 1997? ¿Por qué los nazis dejaron que uno de sus más preciados tesoros se destruyera?

Lo cierto es que la mayoría de noticias sobre lo que ocurrió los días antes y después de que el Ejército Rojo conquistara Königsberg son poco claras. Se sabe que una de las primeras cosas que hicieron los rusos fue examinar las ruinas del castillo y parece ser que encontraron unos pocos restos de ámbar quemado pero, a la vez, también se recuperaron algunos documentos nazis. En ellos se daba a entender que la cámara se había podido salvar antes de los bombardeos. Incluso algunos testigos aseguraban haber visto los paneles de la cámara después de que se destruyera el castillo.

Las pistas eran pocas, pero debieron de ser suficientes, porque al terminar la Segunda Guerra Mundial, la STASI, la policía secreta de la Alemania del Este, una parte de Alemania que después de la guerra quedó bajo el control ruso, estuvo buscando la Cámara de Ámbar durante

prácticamente cuarenta años. No habrían dedicado tanto tiempo y esfuerzo si estuvieran seguros al cien por cien de que la cámara se había perdido, ¿verdad?

¡Verdad!

Sea como sea, parece que la búsqueda de la Cámara de Ámbar no dio ningún resultado, y la pista del tesoro se fue enfriando hasta que en 2011 Matthias Gluba, un ingeniero jubilado de Polonia, encontró nuevas pistas mientras investigaba antiguos documentos de la guerra: según un informe del año 1945, un grupo de aviadores vio como un tren con unos cuarenta vagones se alejaba de Königsberg en plena noche, días antes que la ciudad cayera en manos de los rusos. No solo eso: ¡otro informe hablaba de que a un centenar de prisioneros de guerra los nazis los obligaron a descargar pesadas cajas de este tren y esconderlas en un búnker bajo tierra! Así pues, ¿era posible que la cámara hubiese sobrevivido y estuviese todavía oculta?

Estos nuevos descubrimientos, pues, apuntan a que algo muy valioso salió de Königsberg a toda prisa justo antes de que el ejército ruso tomara la ciudad. Está demostrado que los últimos meses antes de terminar de la guerra, cuando los nazis estaban en plena retirada, trataron de esconder todo lo que no podían llevarse de vuelta a Alemania. De hecho, a lo largo de toda Europa se han encontrado antiguos búnkeres con armas, documentos e incluso, en más de una ocasión, ¡oro y dinero! Ese tren que huía de los rusos en 1945 podía contener cualquiera de estas cosas, incluida la octava maravilla del mundo.

A partir de estas nuevas pistas, cazadores de tesoros de toda Europa se han interesado de nuevo por la Cámara de Ámbar. Algunos la buscan en la ciudad polaca de Walbr- zych, donde se rumorea que hay enterrado un tren nazi. Ya en Alemania, otro grupo busca la cámara en las minas y túneles abandonados que hay cerca de la ciudad de Deuts- chneudorf. Finalmente, desde hace unos años, un hombre llamado Karl-Heinz Kleine cree que ha encontrado el lugar donde podría es- tar escondida la Cámara de Ámbar: en la ciudad de Wuppertal, al oeste de Alemania.

¿podría ser el tren que se vio huyendo de Königsberg en 1945?

¿qué les pasa en Alemania con los nombres?

¿Por qué Wuppertal? Primero, porque la ciudad está sobre un entramado de hasta ciento setenta kilómetros de túneles y búnkeres, así que hay espacio de sobras para esconder un tesoro. Segundo, resulta que el gobernador nazi de la zona de Königsberg, Erich Koch, era originario de esta ciudad. Si al final los nazis trasladaron la cámara antes de que se destruyera, ¿no es lógico que Koch se la llevara a su ciudad natal? Las excavaciones en Wuppertal comenzaron en el año 2008. Si algunos de estos buscadores de tesoros están en lo cierto, habrán hecho uno de los descubrimientos más grandes de la historia.

Y si no… no pasa nada. A finales del siglo xx, para mejorar las relaciones entre Alemania y Rusia, un grupo de empresas alemanas mandó construir una réplica exacta de la Cámara de Ámbar y se la regalaron a sus legítimos propietarios.

MALDITAS JOYAS

Hay una leyenda que dice que la Cámara de Ámbar está maldita. Sea verdad o no, algunas personas que se han relacionado con el tesoro han muerto de forma extraña a lo largo de los años. El primero fue el director del museo Königsberg, que se había encargado de exponer las piezas de la cámara. Oficialmente murió de tifus, que es algo de lo más normal. Lo que ya no es tan normal es que luego su cuerpo desapareciera mientras estaba en una cárcel rusa. Luego, se dice que un investigador sufrió un horrible accidente de coche justo después de confesarle a un periodista que había encontrado la cámara. Y más tarde, un buscador de tesoros que había pasado años buscando el escondite de la Cámara de Ámbar apareció asesinado en un bosque…

¿TE HAS QUEDADO CON GANAS DE MÁS ANÉCDOTAS HISTÓRICAS?

¡PUES NO TE PIERDAS ESTOS LIBROS!

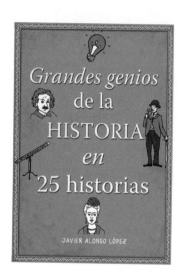

¿QUIERES PONER A PRUEBA TUS NEURONAS?
¡ATRÉVETE CON ESTOS RETOS Y ACERTIJOS!

¿TE MOLAN LOS MISTERIOS? AQUÍ TIENES
50 HISTORIAS IMPOSIBLES PARA QUE
TE ESTRUJES EL CEREBRO...

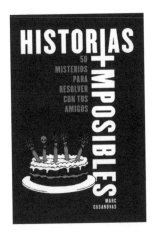

A LA VENTA
EN ABRIL
DE 2016